ECONOMIA: MODO DE COMER

Ha-Joon Chang

ECONOMIA: MODO DE COMER

Um economista voraz explica o mundo

TRADUÇÃO
Cássio de Arantes Leite

Copyright © 2022 by Ha-Joon Chang

A Portfolio-Penguin é uma divisão da Editora Schwarcz s.a.

PORTFOLIO and the pictorial representation of the javelin thrower are trademarks of Penguin Group (USA) Inc. and are used under license. PENGUIN is a trademark of Penguin Books Limited and is used under license.

Grafia atualizada segundo o Acordo Ortográfico da Língua Portuguesa de 1990, que entrou em vigor no Brasil em 2009.

TÍTULO ORIGINAL Edible Economics: A Hungry Economist Explains the World
CAPA Thiago Lacaz
IMAGEM DE CAPA Catarina Bessell
PREPARAÇÃO Cacilda Guerra
ÍNDICE REMISSIVO Probo Poletti
REVISÃO Clara Diament e Carmen T. S. Costa

Dados Internacionais de Catalogação na Publicação (CIP)
(Câmara Brasileira do Livro, SP, Brasil)

Chang, Ha-Joon
    Economia : modo de comer : Um economista voraz explica o mundo / Ha-Joon Chang ; tradução Cássio de Arantes Leite. — 1ª ed. — São Paulo : Portfolio-Penguin, 2025.

Título original: Edible Economics : A Hungry Economist Explains the World
ISBN 978-65-5424-041-3

1. Alimentos – Abastecimento 2. Economia 3. Problemas sociais I. Leite, Cássio de Arantes II. Título.

24-245502   CDD-330

Índice para catálogo sistemático:
1. Economia   330

Eliete Marques da Silva — Bibliotecária — CRB-8/9380

Todos os direitos desta edição reservados à
EDITORA SCHWARCZ S.A.
Rua Bandeira Paulista, 702, cj. 32
04532-002 — São Paulo — SP
Telefone (11) 3707-3500
www.portfolio-penguin.com.br
atendimentoaoleitor@portfoliopenguin.com.br

Para Hee-Jeong, Yuna e Jin-Gyu

SUMÁRIO

Introdução: Alho 11
De que modo o bulbo fedido funda a Coreia, apavora os britânicos e mostra por que você vai querer ler este livro

I. Superando preconceitos

1. Bolota 33
   Como os porcos comedores de bolota da Espanha meridional e os coreanos degustadores de bolota da Coreia nos mostram que a cultura não é tão importante quanto pensamos para determinar resultados econômicos

2. Quiabo 45
   O que o "dedo de moça" revela sobre como a linguagem da economia de livre mercado é limitada e enganosa

3. Coco 55
   O que o fruto marrom revela sobre a falácia de que diversos povos são pobres porque não gostam de trabalhar duro

II. Aumentando a produtividade

4. Anchova   65
   Como esse pequeno peixe, que costumava oferecer aos países ricos sabores e fabulosas riquezas, se revela um embaixador da industrialização

5. Camarão   74
   O crustáceo que se mostra um inseto disfarçado nos diz por que países em desenvolvimento precisam recorrer ao protecionismo contra a competição estrangeira

6. Macarrão   82
   A história entrelaçada de duas nações obcecadas pelo macarrão nos leva a reexaminar o modo como pensamos sobre empreendedorismo e sucesso corporativo

7. Cenoura   94
   Em que a ideia outrora absurda de que uma cenoura pode ser alaranjada nos ajuda a enxergar por que e como precisamos reformar o sistema de patentes

III. Melhor desempenho global

8. Carne   105
   Por que a mais controversa de todas as carnes revela como o livre-comércio não significa liberdade para todos

9. Banana   119
   Em que a fruta mais produtiva do mundo nos diz como corporações mundiais podem ser forças positivas para países em desenvolvimento, mas somente se utilizadas da maneira correta

10. Coca-Cola   132
    Uma bebida que se parece com uma banda de rock das antigas nos diz por que tantos países em desenvolvimento estão insatisfeitos com a ideologia econômica predominante

IV. Viver juntos

11. Centeio   145
    *Como o grão norte-europeu quintessencial esclarece alguns
    mal-entendidos sobre o Estado de bem-estar social*

12. Frango   155
    *A ave que todo mundo adora comer, mas ninguém leva a sério,
    nos dá uma lição sobre o verdadeiro significado de igualdade
    econômica e de justiça*

13. Pimenta   165
    *O insidioso fruto nos ajuda a perceber como os serviços domésticos
    e o trabalho que envolve cuidados são negligenciados e desvalorizados,
    a despeito de estarem no alicerce de nossa economia e sociedade*

V. Pensando sobre o futuro

14. Limão   179
    *A Marinha britânica e a bebida nacional brasileira se unem para
    nos ajudar a pensar sobre os desafios das mudanças climáticas*

15. Especiarias   190
    *Como ficamos sabendo que a pimenta-do-reino, a canela,
    a noz-moscada e o cravo deram origem à corporação moderna,
    que transformou o capitalismo em um grande sucesso, mas agora
    o estrangula lentamente*

16. Morango   199
    *O berry que não é um berry nos ajuda a pensar sobre a chegada
    dos robôs e o futuro do trabalho*

17. Chocolate   209
    *A barra de chocolate ao leite revela o segredo da prosperidade
    econômica suíça, que tem pouco a ver com bancos sigilosos
    ou turismo de luxo*

Conclusão: Como consumir (economia) melhor   221

Agradecimentos   227
Notas   233
Índice remissivo   247

INTRODUÇÃO
Alho

> *Manul chang-achi (alho em conserva)*
> *(coreano — receita de minha mãe)*
> *Cabeças de alho conservadas em molho de soja,*
> *vinagre de arroz e açúcar*

NO INÍCIO DOS TEMPOS, os humanos sofriam no caos e na ignorância (ou seja, não mudou muita coisa desde então). Com pena deles, Hwanung, príncipe do Reino Celestial, desceu à Terra para visitar o lugar onde fica a atual Coreia e fundou a Cidade de Deus. Dentro da cidade ele agigantou a raça humana, concedendo aos indivíduos tanto as leis como o conhecimento da agricultura, da medicina e das artes.

Certo dia, um urso e um tigre se aproximaram de Hwanung. Haviam presenciado aquilo que o príncipe fizera e, vendo como o mundo passara a funcionar, lhe pediram que os transformasse em humanos. Ele lhes prometeu que ambos assumiriam a forma humana se fossem a uma caverna profunda, evitassem a luz do sol e comessem apenas *manul* (alho) e *ssuk** — durante cem anos. Os animais decidiram seguir a instrução e entraram na caverna.

Apenas alguns dias depois, o tigre se rebelou. "Isso é ridículo. Não posso viver de alguns bulbos fedidos e folhas amargas. Estou indo embora" — e se mandou da caverna. O urso respeitou a dieta e, ao fim de cem dias, se transformou numa linda mulher, Ung-nyeo (literalmente, Mulher-Urso). Ung-nyeo mais tarde se casou com Hwanung e teve um filho, que se tornou o primeiro rei da Coreia, Dan-Gun.

Minha nação, a Coreia, foi literalmente fundada no alho — e dá para perceber. Veja nossa dieta: o frango frito coreano** é um verdadeiro festival do alho: preparado com manteiga misturada a alho picado, normalmente lambuzado num molho picante e adocicado, e depois temperado com ainda mais alho. Alguns coreanos consideram insuficiente a quantidade de alho picado na marinada para o *bulgogi* (que significa literalmente "carne de fogo") — fatias finas de carne bovina grelhada no fogo. A solução? Acrescentar fatias de alho cruas ou fritas. Um picles muito popular, *manul chang-achi*, consiste em cabeças de alho conservadas em *ganjang* (molho de soja), vinagre de arroz e açúcar. As folhas e os brotos de alho também são preparados em conserva desse jeito. Apreciamos brotos de alho fritos, muitas vezes acompanhados de camarões secos fritos; ou escaldados e temperados com um molho adocicado à base de pimenta. E também há nosso prato nacional, *kimchi* — vegetais em conserva —, em geral

---

* Trata-se da planta silvestre levemente amarga e herbácea do Leste Asiático conhecida como "artemísia coreana" (*Artemisia princeps*). [Todas as notas de rodapé são do autor, salvo indicação em contrário.]
** Superior ao KFC, na minha opinião.

feito com *baechu*, o repolho-chinês, embora na verdade possa ser preparado com *qualquer* hortaliça. Se você entende alguma coisa de comida coreana, o *kimchi* pode levá-lo a pensar de imediato em pimenta em pó. Mas, na verdade, alguns tipos de *kimchi* são feitos sem ela. Só que ninguém prepara *kimchi* sem alho.*

Praticamente qualquer sopa coreana é feita de um caldo temperado com alho, seja à base de carne, seja à base de frutos do mar (normalmente levando anchova, mas também camarão, marisco seco ou até ouriço-do-mar). A maioria dos pratinhos que costumam ser servidos em uma refeição coreana (*banchan*, que pode ser traduzido como "acompanhamentos para o arroz") contém alho (cru, frito, cozido), independentemente de eles usarem hortaliças, carne ou peixe, e de serem escaldados, fritos, ensopados ou cozidos.

O coreano não se limita a comer alho, simplesmente. Ele processa alho. Em quantidades industriais. *Somos* alho.

Os sul-coreanos consumiram a assombrosa quantidade de 7,5 quilos anuais de alho per capita entre 2010 e 2017.[1] Nosso recorde se deu em 2013, com 8,9 quilos.[2] Isso é mais de dez vezes o que os italianos consomem (720 gramas em 2013).[3] Quando o assunto é consumo de alho, os italianos são fichinha comparados aos coreanos.** Os franceses, chamados de "comedores de alho" por britânicos e americanos, mal consomem ínfimos duzentos gramas anuais (em 2017)[4] — nem 3% do consumo coreano. Amadores!***

Certo, não é que comemos 7,5 quilos. Boa parte desse alho permanece no líquido contendo o *kimchi*; esse líquido costuma ser

---

* Exceto em templos budistas. Monges budistas são proibidos de cozinhar ou consumir alho ou cebola, além (é claro) de qualquer produto animal.

** Segundo James Fenton, poeta e jornalista britânico, em reportagem para o jornal *Independent* às vésperas dos Jogos Olímpicos de Seul em 1988.

*** No Brasil, o consumo anual de alho é de 1,5 kg per capita, segundo a Empresa Brasileira de Pesquisa Agropecuária (Embrapa). (N. E.)

jogado fora.* Quando comemos *bulgogi* e outras carnes marinadas, toneladas de alho picado flutuam no molho. Mesmo com todo esse desperdício, porém, é uma quantidade imensa de alho — repito, imensa.

Se você viveu a vida toda entre devoradores de alho, não percebe quanto já consumiu. Esse era meu caso no fim de julho de 1986, quando, com a idade de 22 anos, embarquei em um voo da Korean Air para fazer pós-graduação na Universidade de Cambridge. Viagens aéreas não eram exatamente uma novidade para mim, pois eu tinha, deixe-me ver, quatro voos no currículo, tendo viajado duas vezes (ida e volta) para Jeju, a ilha vulcânica semitropical ao sul da Coreia continental. Não era uma milhagem das mais invejáveis. O voo entre Seul e Jeju dura apenas cerca de 45 minutos, de modo que minha experiência nesse ponto mal chegava a três horas. Mas não era a perspectiva de voar que me deixava nervoso.

Eu estava deixando a Coreia do Sul pela primeira vez. Não que a pobreza fosse um impeditivo para viagens de avião. Meu pai era um funcionário público de alto escalão e minha família levava uma vida confortável, mesmo não sendo rica, e tinha condições de passar férias no exterior. Entretanto, nessa época, nenhum sul-coreano podia viajar para fora por lazer — o governo simplesmente não emitia passaportes com essa finalidade. O país passava por um processo de industrialização e o governo queria usar cada dólar obtido com as exportações para adquirir o maquinário e a matéria-prima necessários

---

* Às vezes os coreanos consomem o líquido também. Em geral, ele é usado para temperar o arroz frito (*bokkum-bap*: *bokkum* quer dizer "frito" e *bap*, "arroz"), sobretudo no caso do *kimchi bokkum-bap*. Também costumam adicioná-lo a um caldo insosso de macarrão para incrementar o sabor ou misturá-lo ao arroz, se não houver outro ingrediente à mão.

para o desenvolvimento econômico. Não havia moeda estrangeira para "desperdiçar" com "frivolidades" como férias no exterior.

Para piorar a situação, a viagem da Coreia à Grã-Bretanha nessa época era incrivelmente demorada. Hoje podemos ir de Seul a Londres em cerca de onze horas. A Guerra Fria estava a pleno vapor em 1982, de modo que os aviões capitalistas da Coreia do Sul não podiam sobrevoar a China comunista nem a União Soviética, para não mencionar a Coreia do Norte. Primeiro, voamos até Anchorage, no Alasca — nove horas. Após duas horas para reabastecer (combustível para o avião, caldo *udon* japonês para mim — a primeira coisa que provei fora da Coreia), voamos por mais nove horas para chegar à Europa. Mas não Londres. A Korean Air não realizava voos para Londres. Assim, passei três horas no Aeroporto Charles de Gaulle, em Paris, antes de meu voo final. De modo que levamos 24 horas para ir do Aeroporto Gimpo, em Seul, ao Aeroporto Heathrow, em Londres — dezenove horas no ar e cinco em aeroportos. Uma distância gigantesca.

Não era simplesmente a distância que me fazia sentir estrangeiro. Eu estava preparado — pelo menos até certo ponto — para a barreira da língua, as diferenças raciais e os preconceitos culturais. A luz do dia até as dez da noite e (depois) as noites de inverno que começavam às quatro da tarde também não me incomodavam tanto. Era difícil aceitar que a temperatura mais alta em um dia de verão pudesse ser de quinze ou dezesseis graus (o verão coreano normalmente é tropical — 33 graus, 95% de umidade, esse tipo de coisa), mas tive de me acostumar. Até a chuva era suportável — embora eu nunca tivesse imaginado que podia chover com tamanha frequência.*

---

* Mas não "tanto". A precipitação pluviométrica na Coreia é praticamente igual à do Reino Unido, em torno de 1200 a 1300 milímetros por ano. Só que as chuvas na Coreia se concentram no verão e, assim, não são nem de longe tão frequentes quanto na Grã-Bretanha.

O traumático foi a comida. Na Coreia, eu ficara sabendo (quer dizer, por meio de livros — poucos coreanos haviam de fato viajado às Ilhas Britânicas) que a cozinha inglesa não era lá essas coisas. Mas não fazia ideia de como podia ser ruim de verdade.

Claro que encontrei algumas coisas em Cambridge de que gostei — torta de carne e rim, peixe com fritas, empanadas da Cornualha —, mas achei a maioria dos pratos, para dizer o mínimo, pavorosa. A carne era passada demais e temperada de menos. Ficava difícil mandar aquilo para dentro, a menos que acompanhado de *gravy* (molho de carne), que podia ser muito bom, mas também muito ruim. A mostarda inglesa, pela qual me apaixonei, se tornou uma arma vital em minha luta por fazer refeições. As hortaliças eram cozidas muito além da morte até perder toda a textura e a única coisa disponível para torná-las palatáveis era sal. Alguns amigos britânicos argumentavam bravamente que sua cozinha carecia de tempero (hã, era insossa?) por usarem ingredientes tão bons que não deviam ser arruinados com frescuras como *molhos*, usados por aqueles franceses picaretas para mascarar carnes estragadas e vegetais cediços. Qualquer vestígio de plausibilidade desse argumento evaporou num piscar de olhos quando visitei a França, ao final de meu primeiro ano em Cambridge, e provei pela primeira vez a verdadeira comida francesa.

A cultura gastronômica britânica na década de 1980 era profundamente conservadora. Os britânicos não consumiam nada a que não estivessem acostumados. Alimentos considerados *estrangeiros* eram vistos com ceticismo quase religioso e uma aversão visceral. À exceção de pratos chineses, indianos e italianos completamente anglicizados — em geral de péssima qualidade —, não havia cozinha alternativa disponível, a menos que a pessoa fosse até o Soho ou a algum outro bairro londrino sofisticado. A expressão máxima do conservadorismo gastronômico britânico para mim foi a Pizzaland, uma cadeia de restaurantes hoje extinta, mas que na época estava por toda parte. Ciente de que uma pizza podia ser "estrangeira" demais para alguns, o cardápio oferecia a opção de complementá-la com uma batata assada por cima.

Como qualquer discussão sobre estrangeirismos, é claro, tal atitude parece bastante absurda quando presenciada de perto. O adorado jantar natalino do Reino Unido consiste em peru (Estados Unidos), batata (Peru), cenoura (Afeganistão) e couve-de-bruxelas (da, hã, Bélgica). Mas isso não conta. O britânico na época simplesmente não "curtia" comida estrangeira.

De todos os ingredientes "estrangeiros", o inimigo público número um parecia ser o alho. Na Coreia eu já ouvia falar de como os britânicos desprezavam a inclinação francesa por esse ingrediente. Dizia-se que a rainha o detestava tanto que ninguém tinha permissão de comer alho no Palácio de Buckingham ou no Castelo de Windsor quando ela estava presente. Mas, até viajar para lá, eu não fazia ideia de como o consumo de alho podia pegar mal. Para muita gente, era uma verdadeira barbárie ou, ao menos, uma atitude passivo-agressiva contra quem estivesse por perto. Uma amiga minha do Sudeste Asiático me contou que certa vez a gerente de uma pousada entrou farejando o ar no quarto que ela alugara com o namorado, um indiano, e perguntou secamente se havia alguém comendo alho. Vale observar que não havia cozinha em suas acomodações.

Eu fora morar em um lugar onde a essência coreana da vida era uma afronta à civilidade, talvez até uma ameaça à própria civilização. Tudo bem, estou exagerando. *Dava* para encontrar o produto no supermercado — embora as cabeças de alho fossem mirradas e secas. Pratos de inspiração italiana nos livros de culinária britânicos incluíam alho nas receitas — umas poucas lascas onde, para mim, alguns dentes teriam sido necessários. Até a cafeteria da faculdade servia determinados pratos exóticos que alegavam conter alho — embora eu não pusesse a mão no fogo de que contivessem de fato. Para fugir desse inferno culinário, passei a cozinhar.

Mas meus dotes culinários nesse momento eram um tanto quanto limitados. Naquela época, muitas mães coreanas proibiam os filhos de chegar perto da cozinha ("Seu piu-piu* vai cair se você entrar lá!", diziam). Era território feminino. Minha mãe não era tão tradicional, portanto eu podia me aventurar um pouco por ali, ao contrário da maioria de meus amigos — preparar um bom *ramen* instantâneo (o ponto certo é surpreendentemente difícil), fazer alguns sanduíches decentes, improvisar um arroz frito com ingredientes aleatórios encontrados na geladeira e na despensa, esse tipo de coisa. Mas isso não me dava muita base. Além do mais, eu não tinha incentivo suficiente para cozinhar. Estava morando sozinho e, francamente, fazer comida só para você mesmo não tem graça. Além disso, aos vinte e poucos anos, temos uma fome de leão (na Coreia dizem que nessa idade a pessoa come "até pedra"), assim, eu era capaz de mandar para dentro até o cordeiro assado seco e sem gosto do refeitório da faculdade ou — o horror dos horrores — a eventual massa excessivamente cozida servida em algum restaurante. Como resultado, nos primeiros anos de minha vida em Cambridge — primeiro como aluno de pós-graduação e depois como jovem professor — eu cozinhava apenas de vez em quando e tanto meu repertório como minhas habilidades culinárias se desenvolveram muito devagar.

Isso gerou uma crise. Minha aptidão na cozinha não estava progredindo, mas meu *conhecimento* gastronômico crescia com rapidez. É como o clichê: enquanto acadêmico, talvez eu fosse melhor na

---

* Ou *gochu* (pimenta), refletindo a paixão coreana por comida picante.

teoria do que na prática. Mas essa defasagem entre uma coisa e outra já estava ficando ridícula.

Por sorte cheguei à Grã-Bretanha nos anos 1980, no auge de uma revolução culinária. Rachaduras surgiam no poderoso edifício da resistência britânica à comida "estrangeira" e tradições gastronômicas de fora penetravam nessa alvenaria. Nesse ínterim, a cozinha britânica começava pouco a pouco a ser atualizada, reinventada e fundida a novas influências. Chefs, resenhistas de restaurantes e críticos de gastronomia viravam celebridades. Os livros de culinária passavam a ser tão numerosos quanto os livros de jardinagem (essa peculiar obsessão britânica — que outro país transmite programas sobre jardinagem no horário nobre da TV?). Muitos livros de receitas eram enriquecidos com histórias dos alimentos e comentários culturais. Devido a essas mudanças (e minha viagem ao exterior), cada vez mais eu encontrava cozinhas sobre as quais nada sabia. Fiquei fascinado. Passei a experimentar diferentes pratos. Folheava livros sobre o assunto nas livrarias e comprei uma boa quantidade deles. Lia com avidez as resenhas e colunas gastronômicas nos jornais. Eu dava início a minha própria revolução culinária.

A verdade é que naqueles tempos o isolacionismo culinário coreano era ainda pior do que o britânico, embora com uma comida bem mais saborosa. Na Coreia dessa época, com exceção dos estabelecimentos chineses e japoneses, havia poucas opções estrangeiras além do que chamávamos de "ocidental light", basicamente comida europeia com um toque japonês. Os itens típicos do cardápio eram: *tonkatsu* (carne de porco empanada, em lugar do *schnitzel* austríaco original, feito com vitela); filé *hahmbahk* (hambúrguer; uma pálida imitação do *steak haché* francês, com recheios baratos como cebola e farinha de trigo no lugar de quase a carne toda); e (muito medíocre) espaguete à bolonhesa (que era chamado apenas de *supageti*). Hambúrgueres eram uma raridade, vendidos como algo exótico nas cafeterias das lojas de departamento chiques — e não eram bons, de um modo ou de outro. A chegada do Burger King em meados da década de 1980 foi um evento cultural. A maioria das pessoas ouviu falar de pizza pela primeira vez por volta desse período (a Pizza Hut chegou a Seul em 1985). Antes de conhecer a Grã-Bretanha e viajar ao continente a trabalho ou de férias, eu nunca provara comida francesa ou italiana de verdade. Os poucos restaurantes franceses e italianos que tínhamos na Coreia nessa época serviam versões muito americanizadas dos pratos. A cozinha asiática, fora a japonesa ou chinesa (nada de tailandesa, vietnamita ou indiana), era tão misteriosa quanto, para não mencionar pratos de lugares mais remotos como Grécia, Turquia, México e Líbano.

A defasagem entre minha teoria e minha prática gastronômicas começou a diminuir quando passei a cozinhar para valer, após me casar, em 1993. Hee-Jeong, minha esposa, deixou a Coreia para se juntar a mim em Cambridge. Ela não conseguia acreditar que eu tinha mais de uma dúzia de livros de culinária em casa e nunca os usara para cozinhar. Tendo em vista a falta de espaço para uma despensa em meu apartamento, que era apenas um pouco maior do que um tapete grande, ela considerou com bom senso que, a menos que fossem usados, os livros deveriam parar na lata do lixo.

Comecei a cozinhar com o clássico de Claudia Roden, *The Food of Italy*. A comida italiana, sobretudo do sul do país, contém ingredientes (alho, pimenta, anchovas, berinjela, abobrinha) adorados pelos coreanos, então foi algo natural. *Pasta alla norma* — macarrão com berinjela, molho de tomate e três queijos (muçarela, ricota e parmesão) — foi a primeira receita de Roden que aprendi a preparar. Continua sendo (com algumas adaptações pessoais) um dos favoritos na família. Com os livros de Antonio Carluccio aprendi muito sobre massas e risotos. O italiano é meu principal arsenal, mas também adoro inventar, em nenhuma ordem em particular, pratos franceses, chineses, japoneses, espanhóis, americanos, norte-africanos e médio-orientais. E — como prova da nova era na qual vivemos — aprendi muitas receitas britânicas excelentes, em especial com Delia Smith, Nigel Slater e Nigella Lawson. Quase nunca preparo pratos coreanos, já que Hee-Jeong faz uma comida coreana incomparável e sabiamente evito competir com seu talento.

Quando eu estava aprendendo a cozinhar, a revolução culinária britânica ingressava numa fase nova e decisiva. Em meados da década de 1990, passou a ser possível imaginar que noite mágica de sonhos de verão seria quando os britânicos afinal acordassem para a realidade de que sua cozinha era de fato medonha. Uma vez tendo admitido que sua comida é um horror, como fizeram na época, a pessoa fica livre para abraçar todas as cozinhas do mundo. Não há por que insistir na indiana em detrimento da tailandesa ou preferir a turca à mexicana. Se for saborosa, ótimo. Que gloriosa liberdade isso traz. A liberdade britânica de considerar igualmente todas as opções disponíveis levou talvez ao desenvolvimento de uma das culturas gastronômicas mais sofisticadas que já existiram.

A Grã-Bretanha virou uma meca da gastronomia. Londres oferece tudo que você imaginar: de um *döner kebab* turco, barato, mas excelente, e vendido em uma van na rua à uma da manhã, a um jantar *kaiseki* japonês indecentemente caro. Os sabores variam de vibrantes e pronunciados, como os coreanos, a discretos e reconfortantes, como os poloneses. É possível escolher dentre a complexidade dos pratos peruanos — com suas raízes ibéricas, asiáticas e incas — e o prazer simples de degustar um suculento filé argentino. A maioria dos supermercados e lojas de produtos alimentícios vende ingredientes para as cozinhas italiana, mexicana, francesa, chinesa, caribenha, judaica, grega, indiana, tailandesa, norte-africana, japonesa, turca, polonesa e quem sabe até coreana. Se você está à procura de um condimento ou ingrediente mais especial, é provável que o encontre. Isso em um país onde, no final da década de 1970, segundo um amigo americano, na época aluno de intercâmbio, o único lugar onde a pessoa podia encontrar azeite de oliva em Oxford era na farmácia (para amolecer cera de ouvido, caso você esteja se perguntando).*

É uma tendência mundial, claro. Com o crescimento do comércio internacional, da migração internacional e das viagens internacionais, povos de toda parte ficaram mais curiosos e abertos a comidas estrangeiras. Contudo, a Grã-Bretanha é diferente — talvez única — nesse aspecto, pois desde seu momento de autoconscientização honesta (falando em termos culinários) o país relaxou por completo em relação ao que come. Na Itália e na França, com suas tradições gastronômicas arraigadas, as pessoas ficam com um pé atrás e desconfiam das mudanças. Por lá você encontra grandes pratos nacionais, mas pouca coisa além de redes de fast-food americanas, restaurantes chineses baratos e uma ou outra loja que vende faláfel ou kebab (que podem ser muito bons, mas não necessariamente), além talvez de um restaurante japonês caríssimo.

Embora meu universo culinário se expandisse à velocidade da luz, meu outro universo — a economia — era tristemente sugado por um buraco negro. Até a década de 1970, a economia era povoada

---

* Verificando hoje (14 de janeiro de 2022), os sites das redes de supermercados britânicas Tesco, Sainsbury e Waitrose listam, respectivamente, 43, sessenta e setenta variedades de azeite de oliva.

por um leque de "escolas" diversas que compreendiam diferentes visões e metodologias de pesquisa — clássica, marxista, neoclássica, keynesiana, desenvolvimentista, austríaca, schumpeteriana, institucionalista e comportamental, para mencionar só as mais significativas.* Elas não só coexistiam como também interagiam entre si. Às vezes se confrontavam num "duelo de vida ou morte" — como austríacos versus marxistas nas décadas de 1920 e 1930 ou keynesianos contra neoclássicos nas décadas de 1960 e 1970. Em outras ocasiões, as interações eram mais benignas. Mediante debates e experimentos de políticas públicas tentados por diferentes governos no mundo todo, cada escola foi forçada a aprimorar seus argumentos. Diferentes escolas tomavam ideias emprestadas umas das outras (muitas vezes sem dar o devido crédito). Alguns economistas chegaram até a tentar fundir diferentes teorias. De modo que até a década de 1970 a economia se parecia mais com a cena gastronômica britânica atual: inúmeras cozinhas diferentes, cada uma com seus pontos fortes e fracos, competindo por atenção; todas orgulhosas de suas tradições, mas obrigadas a aprender

---

* Elas sustentavam (e continuam sustentando) diferentes visões, no sentido de que tinham diferentes valores morais e posições políticas, ao mesmo tempo interpretando de maneiras diferentes o funcionamento da economia. Não é necessário nos preocuparmos aqui com as exatas diferenças entre elas. Considero os méritos relativos de cada uma em meu último livro, *Economia: modo de usar* (São Paulo: Portfolio-Penguin, 2015), se você estiver interessado em saber mais. O crucial a ter em mente aqui é que a economia não é uma ciência; não há respostas prováveis perfeitas. Não existe uma solução ou modelo econômico único que funcione em qualquer situação — a escolha da resposta econômica correta depende das circunstâncias da economia e das condições que ela enfrenta. Depende também do que as pessoas decidem ser, moral ou eticamente, mais importante para a economia do país — como constatamos ao ver as gritantes diferenças internacionais na condução do combate à pandemia de covid-19 e suas consequências socioeconômicas. A economia é um estudo da atividade humana com todas as emoções, posicionamentos éticos e imaginação que a existência humana envolve.

com as demais; e um monte de fusões, deliberadas ou involuntárias, acontecendo.

A partir da década de 1980, a economia assumiu o aspecto da cena culinária britânica anterior à década de 1990. Uma tradição — a economia neoclássica — virou o único item no cardápio. Como todas as demais escolas, ela tem seus pontos fortes, bem como sérias limitações. Sua ascensão é uma narrativa complexa, que não pode ser abordada de maneira adequada aqui.* Sejam quais forem as causas, a economia neoclássica hoje é tão dominante na maior parte dos países (o Japão e o Brasil e, em menor grau, a Itália e a Turquia são exceções) que o termo "economia" se tornou para muita gente sinônimo de "economia neoclássica". Essa "monocultura" intelectual estreitou o pool genético intelectual da disciplina. Poucos economistas neoclássicos (ou seja, a vasta maioria dos economistas atuais) nem sequer admitem a existência, que dizer então os méritos intelectuais, das demais escolas. Os que o fazem afirmam que as

---

* Há ingredientes demais nessa receita. Fatores acadêmicos — como os méritos e deméritos das diferentes escolas e o predomínio cada vez maior da matemática como ferramenta de pesquisa (que promovia o conhecimento de variedades particulares enquanto suprimia outras) — sem dúvida fizeram diferença. Entretanto, essa ascensão também foi fundamentalmente moldada pela política do poder — tanto dentro da profissão dos economistas quanto no mundo exterior. Em termos de política do poder profissional, a promoção da economia neoclássica pelo chamado prêmio Nobel de economia (que não é realmente um prêmio Nobel, mas apenas um "prêmio em memória de Alfred Nobel", concedido pelo Riksbank, o banco central sueco) desempenhou um papel muito importante. Em termos de política do poder para além da profissão, a reticência inerente da escola neoclássica à questão da distribuição de renda, riqueza e poder subjacentes a qualquer ordem socioeconômica existente a tornou mais palatável para a elite dominante. A globalização do ensino no pós-Segunda Guerra Mundial, em que o desproporcional *soft power* cultural dos Estados Unidos foi a maior influência, exerceu um papel central na disseminação da economia neoclássica, que se tornou preponderante primeiro naquele país (durante a década de 1960).

INTRODUÇÃO: ALHO

outras variedades são inferiores. Algumas ideias, como as da escola marxista, argumentam eles, "nem sequer são economia". Eles alegam que as poucas percepções úteis obtidas por essas outras escolas — por exemplo, a ideia de inovação da escola schumpeteriana ou a ideia da racionalidade humana limitada da escola comportamental — já foram incorporadas à economia tradicional, ou seja, à economia neoclássica. Mas não conseguem perceber que essas incorporações são meros "acréscimos", como a batata assada da Pizzaland.*

O leitor não estaria errado em indagar: por que devo me importar com um punhado de acadêmicos que se tornaram bitolados e cultivam a monocultura intelectual? Eu poderia começar a responder a isso observando que economia não é como, digamos, estudar norueguês ou tentar encontrar planetas semelhantes à Terra a centenas de anos-luz de distância. A economia tem um impacto direto e incomensurável em nossas vidas.

Todo mundo sabe que teorias econômicas influenciam políticas de governo relativas a impostos, gastos com previdência social, taxas de juros e regulamentações do mercado de trabalho, que por sua vez mexem com nossa situação econômica individual ao afetar nossos empregos, condições de trabalho, salários e grau de dificuldade em saldar nossos financiamentos hipotecários ou estudantis. Mas teorias econômicas também moldam as perspectivas coletivas de longo prazo de uma nação ao influenciar políticas públicas que determinam sua capacidade de se engajar em indústrias de alta produtividade, inovar e se desenvolver de forma ambientalmente sustentável. A coi-

---

* E não fusões genuínas — como a cozinha peruana, com suas influências inca, espanhola, chinesa e japonesa, ou os pratos do chef coreano-americano David Chang (sem parentesco comigo), com influências americana, coreana, japonesa, chinesa e mexicana.

sa, contudo, vai além disso: a economia não afeta apenas as variáveis econômicas, tanto pessoais como coletivas. Ela nos transforma.

O impacto disso em quem somos ocorre de duas maneiras. A economia gera ideias: teorias econômicas diferentes pressupõem que qualidades diferentes constituem a essência da natureza humana, de modo que a teoria econômica prevalecente influencia o que as pessoas veem como a "natureza humana". O predomínio da economia neoclássica, ao presumir que os seres humanos são egoístas, nas últimas décadas normalizou o comportamento interesseiro. Quem age de forma altruísta é ridicularizado como "otário" ou suspeito de ter segundas intenções (egoístas). Se as teorias econômicas comportamental ou institucionalista fossem dominantes, acreditaríamos que os seres humanos têm motivações complexas, dentre as quais o comportamento egoísta é apenas um de muitos; sob esses pontos de vista, diferentes projetos de sociedade podem despertar diferentes motivações e até moldar as motivações das pessoas de forma diferente. Em outras palavras, as ciências econômicas influenciam o que as pessoas encaram como normal, o modo como veem umas às outras e que comportamentos exibem para se ajustar.

O estudo da economia também influencia quem somos ao impactar o desenvolvimento econômico e, assim, a forma como vivemos e trabalhamos, que por sua vez também nos moldam. Por exemplo, teorias econômicas diferentes sustentam visões diferentes sobre se países em desenvolvimento devem promover a industrialização por meio da intervenção de políticas públicas. Diferentes níveis de industrialização, por sua vez, produzem diferentes tipos de indivíduos: comparadas às pessoas que vivem em sociedades agrárias, as que vivem em países mais industrializados tendem a ser melhores em registrar a passagem do tempo, uma vez que seu trabalho — e, por conseguinte, o resto de sua vida — é organizado em função do relógio. A industrialização promove ainda movimentos sindicais ao reunir grande quantidade de trabalhadores nas fábricas onde eles também precisam cooperar de forma muito mais próxima entre si do que nas fazendas. Esses movimentos, por sua vez, criam partidos políticos de centro-esquerda reivindicando políticas públicas mais igualitárias, que podem ficar enfraquecidos, mas não desaparecem nem quando as fábricas fecham, como tem acontecido na maioria dos países ricos nas últimas décadas.

Podemos ir ainda mais longe e afirmar que a economia influencia o tipo de sociedade em que vivemos. Primeiro, ao moldar os indivíduos de maneira diferente, teorias econômicas diferentes tornam as sociedades diferentes. Assim, uma teoria econômica que encoraja a industrialização levará a uma sociedade com mais forças pressionando por políticas mais igualitárias, como explicado anteriormente. Para dar outro exemplo, uma teoria econômica que acredita que os seres humanos são (quase) exclusivamente motivados pelo interesse egoísta produz uma sociedade na qual a cooperação é mais difícil. Em segundo lugar, diferentes teorias econômicas sustentam diferentes pontos de vista sobre onde deve residir o limite da "esfera econômica". Assim, se uma teoria econômica recomenda a privatização do que muitos consideram serviços essenciais — como saúde, educação, água, transporte público, eletricidade e moradia —, ela está recomendando que a lógica de mercado de "um dólar, um voto" seja expandida contra a lógica democrática de "uma pessoa, um voto" (ver os capítulos "Pimenta" e "Limão"). Por fim, teorias econômicas diferentes exercem impactos diferentes sobre as variáveis econômicas, como desigualdade (de renda ou riqueza) (ver o capítulo "Frango") ou sobre os direitos econômicos (a mão de obra contra o capital; o consumidor contra o produtor) (ver "Quiabo"). Diferenças nessas variáveis, por sua vez, influenciam a quantidade de conflitos na sociedade: maior desigualdade de renda ou menos direitos trabalhistas geram não apenas mais choques entre os poderosos e os que se encontram abaixo deles como também entre os menos privilegiados, em sua luta por uma fatia cada vez menor dos recursos disponíveis.

Entendida dessa forma, a economia nos afeta de maneiras muito mais fundamentais do que quando definida de forma restrita — como renda, empregos e aposentadoria. Por isso, acredito ser vital que todos compreendamos ao menos alguns de seus princípios — não apenas para defender nossos próprios interesses como também, acima de tudo, para tornar nossa sociedade um lugar melhor de se viver, tanto para nós como para as futuras gerações.

Quando defendo esse argumento, há quem responda que o assunto cabe a "especialistas", não ao cidadão comum. Trata-se, dizem, de uma questão técnica, cheia de jargões, equações complexas e estatísticas. Não é para a maioria de nós.

Mas será que deve ser assim mesmo? Você vai ficar simplesmente "aguentando calado em desespero"* enquanto observa o mundo a seu redor sendo sacudido e moldado de acordo com alguma teoria econômica além de sua compreensão? Diga-me. Você se sente bem em relação ao modo como a sociedade está concebida? Acha que as ideias e políticas de seu governo estão alinhadas com o que, para você, é mais importante para todos? Que a carga tributária é dividida de forma justa entre as maiores corporações mundiais, assim como entre os trabalhadores comuns? Que estamos fazendo todo o possível para proporcionar a cada criança a oportunidade mais justa possível de ser bem-sucedida na vida? Que os valores da sociedade enfatizam o suficiente a comunidade,

---

* [No original: "*Hanging on in quiet desperation*"]: "O jeitinho inglês de ser", segundo o Pink Floyd, em sua canção "Time", do álbum *The Dark Side of the Moon*. Mas acho que muita gente fora da Inglaterra se sente dessa forma em relação a sua vida hoje em dia.

as responsabilidades comuns e os objetivos compartilhados? Achei mesmo que não.

Após persuadir você a se interessar por economia, não posso deixá-lo na mão agora. Assim, com este livro, estou tentando tornar a economia mais palatável, servindo-a com um acompanhamento de histórias sobre comida. Mas já vou avisando. Tais histórias *não* tratam prioritariamente da economia dos alimentos — a forma como são cultivados, processados, embalados, vendidos, comprados e consumidos. Esses aspectos em geral não são essenciais para as histórias da economia expostas aqui. Há um monte de livros interessantes sobre esses temas por aí. Minhas histórias sobre comida são mais ou menos como o sorvete que algumas mães oferecem para subornar os filhos a comerem toda a verdura no prato — exceto pelo fato de que aqui o sorvete vem primeiro e as verduras, depois (que baita negócio!).

Mas elas são assim só até certo ponto. As histórias sobre comida neste livro não são um suborno de fato, pois suborno é uma coisa que se oferece à pessoa para levá-la a fazer algo que não quer. Muitas mães em países de língua inglesa que oferecem sorvete para os filhos em troca de terminarem de comer suas verduras estão na verdade subornando-os, porque elas próprias sabem que as verduras não são lá muito saborosas. Por outro lado, mães indianas, coreanas e italianas sentem bem menos (em geral nenhuma) necessidade de apelar para tal suborno porque as hortaliças que preparam são muito mais atraentes do que brócolis, espinafre ou cenoura cozidos (o ex-presidente americano George H. W. Bush, um intrépido campeão da causa antibrócolis, chamou a cenoura de "brócolis cor de laranja"). Nessas tradições culinárias, as hortaliças são recompensa suficiente em si mesmas (embora mesmo em tais lugares muitas crianças ainda prefiram sorvete a verduras). Da mesma forma, minhas histórias de economia serão uma recompensa em si porque as deixei mais palatáveis do que de costume proporcionando-lhes maior variedade de tipos e complexidade de sabor. Questões negligenciadas são trazidas à tona, uma pluralidade de teorias econômicas (em vez de apenas uma) é utilizada, as implicações políticas (e até filosóficas) das políticas econômicas são discutidas, alternativas realistas aos atuais arranjos econômicos — tanto existentes como imaginários — são exploradas.

Gosto de compartilhar a comida que amo com meus amigos — cozinhando para eles, levando-os a meus restaurantes preferidos ou simplesmente conversando sobre diferentes pratos e ficando com água na boca junto com eles. Gostaria que o leitor, meu amigo intelectual, desfrutasse só um pouco da satisfação que sinto em digerir, mesclar e fundir diversas teorias econômicas que me ajudem a compreender como nossa sociedade está sendo conduzida e me forneçam ferramentas para refletir a respeito e construir um mundo melhor.

I
Superando preconceitos

1
Bolota

> *Dotori muk (coreano)*
> *Geleia de bolota coreana com salada de folhas*
> *verdes, pepino e cenoura, e molho de soja picante*

A BOLOTA, FRUTO DO CARVALHO, não é um alimento dos mais populares. Ela é consumida por alguns nativos americanos, sobretudo na Califórnia, e em parte do Japão. Essas pessoas consomem bolotas quando não conseguem comprar ou encontrar fontes melhores de carboidrato — assim como os italianos desfavorecidos do norte outrora engrossavam a farinha de trigo com farinha de castanha para o preparo de massas.

Os coreanos consomem bolotas (*dotori*) — em grande quantidade — na forma de geleia (*muk*). Adoro *dotori muk*, com seu gosto ligeiramente amargo e sabendo a nozes, realçado pelo sabor salgado e pronunciado do *yangnyum ganjang* — em geral feito com molho de soja (*ganjang*), óleo de gergelim e outros ingredientes para temperar (*yangnyum*), como cebolinha picada, pimenta em pó e sementes de gergelim. Se acrescentarmos um pouco de pepino e cenoura fatiados, dá uma ótima salada.

Mas por mais que goste de *dotori muk*, admito que não é nenhuma maravilha. É o tipo de coisa que você encontra em barracas de comida improvisadas nas montanhas após uma puxada caminhada matinal ou em um boteco qualquer na noitada. É bem difícil criar iguarias à base de bolotas.

A não ser quando usadas para alimentar porcos ibéricos, também conhecidos como variedade pata negra. O presunto feito com o pernil desses animais é conhecido como *jamón ibérico*. O presunto ibérico da melhor qualidade é produzido com porcos pata negra criados livres que se alimentam apenas de bolotas em bosques de carvalho nos derradeiros estágios de suas vidas e é, assim, chamado de *jamón ibérico de bellota*.[1] A bolota dá à carne um profundo sabor evocativo de nozes que é impossível de copiar. Embora goste muito de *prosciutto di Parma* com melão, considero o *jamón ibérico* o melhor presunto do mundo. Espero que meus amigos italianos, inflexíveis quando o assunto é comida, me perdoem por isso. Os altos preços a que é vendido sugerem que muita gente — fora da Itália, sem dúvida — concorda comigo.

O presunto ocupa o coração da cultura espanhola — onde mais alguém teria feito um filme chamado "Presunto, presunto" (o filme de estreia de Penélope Cruz, *Jamón Jamón*, estrelado também por Javier Bardem)? Ele ganhou importância quando os cristãos fundaram a Espanha combatendo os muçulmanos, que outrora haviam controlado a maior parte da península Ibérica. Um traço que distinguia os cristãos dos muçulmanos era o consumo de carne de porco; assim, ela se tornou um símbolo de sua identidade cristã.²

O outro povo que não consome carne de porco na Espanha — os judeus — também sofreu terrivelmente com o ressurgimento cristão. Em 1391, atemorizados por turbas de cristãos enraivecidos, muitos deles foram obrigados a se converter ao cristianismo sob a ameaça de morte. Judeus convertidos tinham de comer carne de porco em público para demonstrar que sua conversão era genuína. Alguns *conversos* praticavam em segredo sua religião original, evitando carne de porco e frutos do mar, e não misturando derivados de leite e carne (bem como prosseguindo com muitas outras práticas centrais de seus rituais e festividades).

Quando a Inquisição espanhola foi estabelecida em 1478, um de seus objetivos era capturar esses judeus falsamente convertidos (conhecidos como *marranos*, termo que alguns acreditam ser derivado da palavra árabe que significa "porco").* Um método comum era observar a chaminé da casa de um suspeito aos sábados. Se os moradores da casa ainda estivessem observando o Shabat judaico, não haveria fumaça saindo dela — judeus observantes não cozinham nesse dia. Conta-se que os inquisidores também caminhavam pelas ruas aos sábados farejando as casas onde não se cozinhava.³

Em janeiro de 1492, veio a Reconquista. Os cristãos expulsaram os muçulmanos da península Ibérica. Nesse mesmo ano, um decreto real expulsou os judeus do agora território cristão. Portugal seguiu o exemplo da Espanha. Muitos judeus expulsos de Espanha e Portugal fugiram para o Império Otomano, na época o centro do mundo islâmico. O famoso economista turco Dani Rodrik é descendente de

---

* A palavra "bolota" também deriva da palavra árabe para "carvalho", *balewt*, reafirmando a influência muçulmana na cultura espanhola. Agradeço a Reda Cherif pela informação.

uma dessas pessoas — o nome original da família, contou-me ele, era Rodriguez, um nome sefardita típico.

Hoje parece estranho judeus perseguidos fugirem para um país muçulmano, mas na época foi uma escolha óbvia. Comparado à Espanha e a outros países cristãos, o Império Otomano era muito mais tolerante com as minorias religiosas, entre as quais os judeus. Conta-se que o sultão Bajazeto II os teria recebido de braços abertos e afirmado: azar do monarca católico.

No Império Otomano, como todos os não muçulmanos, os judeus tinham de pagar impostos mais elevados, mas estavam autorizados a praticar sua religião livremente e desfrutavam de autonomia para administrar suas comunidades como julgassem melhor. Havia judeus em todos os cargos do império — conselheiros da corte e diplomatas, comerciantes e manufaturadores, carregadores e pedreiros. A intolerância não é uma característica inevitável do islã, ao contrário do que pensam alguns.

Outros estereótipos culturais negativos a respeito do islã tampouco resistem a um escrutínio. Muita gente o vê como uma religião militarista, e os muçulmanos fundamentalistas sempre encorajaram essa visão. Daí o tradicional equívoco sobre o termo "jihad" — que originalmente tinha o sentido de "lutar por um objetivo digno" — como significando uma guerra religiosa contra os infiéis. Embora tenha um lado que permite uma interpretação militarista, o islã também destaca a importância do ensinamento, sintetizado nas palavras do profeta Maomé, de que "o nanquim do estudioso é mais sagrado que o sangue do mártir". Na verdade, o Renascimento teria sido impossível se os muçulmanos não houvessem traduzido para o árabe muitas obras clássicas do mundo greco-romano, preservando-as de modo que fossem um dia retraduzidas para línguas europeias. Os cristãos na Europa haviam relegado ao descaso ou destruído de maneira deliberada textos latinos e gregos pré-cristãos, tachando-os de pagãos.

Outro estereótipo sobre o islã é que se trata de uma religião voltada para o misticismo e sem interesse por questões práticas, como o progresso científico e o desenvolvimento econômico. Entretanto, o islã muitas vezes se mostrou sintonizado com valores culturais que promovem o desenvolvimento econômico. Na Idade Média, o mundo muçulmano era muito mais avançado em matemática e ciências (centrado em especial em Bagdá nos séculos x e xi), bem como em jurisprudência, do que a Europa. Basta observar quantas palavras científicas têm origem árabe — álcool, álcali, álgebra, algoritmo (a essência da inteligência artificial!) e muito mais (*al* é o artigo definido em árabe). O comércio era bastante desenvolvido: mercadores árabes realizavam negócios com a Coreia a leste e a África a oeste, para não mencionar o mundo mediterrâneo. Comerciantes gozavam de status social elevado, entre outras coisas porque o próprio Maomé fora um deles. Por ser uma religião de comerciantes, o islã levava a lei contratual muito a sério. Os países muçulmanos tiveram juízes formados muitos séculos antes dos cristãos — na maioria dos países europeus, até o século xix, o indivíduo não precisava sequer ter formação em direito para ser juiz.

O islã tem outra característica significativa com potencial de fazer dele mais indicado para o desenvolvimento econômico do que outras culturas. Ao contrário do hinduísmo na Ásia Meridional ou do confucionismo* no Leste Asiático, a cultura muçulmana não adotou um sistema de castas, que restringe as opções de ofício das pessoas segundo seu nascimento, limitando desse modo a mobilidade social. A complexidade e a rigidez do sistema de castas hindu e seus impactos negativos na mobilidade social são bem conhecidos. Embora não fosse

---

* O confucionismo é uma filosofia política e social (não uma religião), criada pelo filósofo chinês K'ung-fu-tzu (cujo nome foi latinizado para Confúcio), falecido mais ou menos na mesma época em que Sócrates nasceu (início do século v a.C.).

tão elaborado ou tão rígido, o sistema de castas nas sociedades confucionistas tradicionais também não era brincadeira. Havia alguma mobilidade social, pois filhos (mas apenas homens) de fazendeiros podiam realizar a prova do serviço público e entrar para a casta dominante de burocratas-eruditos. Mas, na prática, isso quase nunca acontecia. Filhos de artesãos e comerciantes (pouco acima de escravos) não tinham permissão sequer de prestar concurso público. Não admira que no início dos tempos modernos, mesmo após a abolição formal do tradicional sistema de castas, os países confucionistas continuassem a ter dificuldade para convencer jovens de talento a se tornar engenheiros (vistos como artesãos com mais formação) ou empresários (o equivalente moderno dos mercadores). Essas ocupações passaram a ser respeitáveis apenas quando o desenvolvimento econômico decolou nos países confucionistas e os tornou lucrativos e poderosos.

De modo que não há nenhum elemento antidesenvolvimentista inerente à cultura muçulmana. Diversos aspectos do islamismo se prestam ao progresso econômico — a ênfase nos estudos, a tradição de pensamento científico, a inexistência de uma hierarquia social, a valorização do comércio, a obediência às leis e a tolerância. Tanto a Malásia como o emirado de Dubai ilustram como o islã é compatível com o progresso econômico.

A ignorância e, às vezes, a má-fé nos levam a empregar estereótipos culturais negativos de culturas "estrangeiras". Enfatizamos apenas as características de uma cultura que incomoda a alguns e atribuímos as eventuais dificuldades socioeconômicas enfrentadas pelos países a sua cultura. Mas, com isso, deixamos de perceber as reais causas de seus problemas.

Estereótipos culturais podem ser "positivos" — exagerar as boas qualidades encontradas em determinada sociedade (em geral, a nossa) —, mas ainda assim deturpam a realidade e nos impedem de compreender o verdadeiro mecanismo em operação.

Muitos atribuem o "milagre econômico" do Leste Asiático à cultura confucionista, que em tese enfatiza o trabalho árduo, a frugalidade e a educação. Mas que cultura não faz isso? Por exemplo, ao tentar explicar a defasagem econômica entre a Coreia do Sul e Gana, dois países com níveis similares de desenvolvimento econômico no início da década de 1960 (a Coreia na verdade era bem mais pobre nessa época — em 1961, sua renda per capita era de 93 dólares, enquanto a de Gana era de 190 dólares), Samuel Huntington, o veterano cientista político americano e autor do controverso livro *O choque de civilizações*, argumenta que,

> Sem dúvida, muitos fatores desempenharam um papel, mas [...] a cultura devia ser boa parte da explicação. Os sul-coreanos valorizavam a parcimônia, o investimento, o trabalho árduo, a educação, a organização e a disciplina. Os ganenses têm valores diferentes. Em suma, a cultura conta.

A descrição do confucionismo feita por Huntington é um exemplo perfeito de estereótipo positivo — escolher apenas os elementos que se encaixam em nossa caracterização de uma cultura que desejamos retratar sob luz favorável.

O confucionismo em tese encoraja o trabalho duro. Contudo, no passado, os povos do Leste Asiático eram descritos pelos visitantes ocidentais como preguiçosos. Um engenheiro australiano que vistoriou fábricas japonesas em 1915, a pedido do governo do Japão, para oferecer conselhos sobre como aumentar a produtividade afirmou:

> Ver seus homens trabalhando me levou a sentir que os japoneses são um povo muito tranquilo e satisfeito, para quem o tempo não constitui

obstáculo. Quando conversei com alguns gerentes, informaram-me que era impossível mudar os hábitos da herança nacional.[4]

Em 1912, quando realizou um giro por Japão e Coreia, a socióloga e reformista social inglesa Beatrice Webb afirmou que os japoneses exibiam "ideias inaceitáveis sobre o lazer e uma independência pessoal intolerável"[5] e descreveu meus ancestrais como "12 milhões de selvagens sujos, degradados, amuados, preguiçosos e sem religião que perambulam arrastando os pés em trajes brancos imundos do tipo mais inapropriado e vivem em casas de barro nojentas".[6] Isso vindo de uma fundadora do *socialismo* fabiano. Podemos imaginar o que um típico supremacista branco de direita dizia na época sobre os povos de países confucionistas.

Quanto ao tão decantado zelo confucionista pela educação, a formação tradicionalmente enfatizada se referia ao que era necessário para concorrer ao serviço público — filosofia política e poesia. Essas coisas não têm utilidade direta para o desenvolvimento econômico. Aspirações práticas que não a agricultura, como a produção de bens e o comércio, eram menosprezadas. Comentaristas como Huntington louvam a disciplina que a cultura confucionista instila nos indivíduos (embora Beatrice Webb só tenha se deparado com comportamentos relapsos no Japão e na Coreia). Mas o custo de adotar essa disciplina é o conformismo. Outros comentaristas argumentam que a pressão por conformidade significa que os povos do Leste Asiático carecem de originalidade e empreendedorismo, embora tal afirmação esteja se tornando cada vez menos plausível, dada a quantidade de inovações tecnológicas, filmes originais, séries dramáticas viciantes e música criativa produzida hoje em dia na região.

Eu poderia seguir desconstruindo outros estereótipos positivos do confucionismo como esse exibido por Huntington, mas já deu para você ter uma ideia. Da mesma forma que o islã pôde ser estereotipado sob uma luz inteiramente positiva, o confucionismo pode ser apresentado sob uma luz inteiramente negativa. As culturas têm facetas diferentes e complexas. A versão tolerante, observante das regras, orientada para ciência e de mentalidade comercial do islã é tão real quanto a versão mística, intolerante e militarista. Há a versão do confucionismo que é trabalhadora, voltada ao aprendizado, parcimoniosa e disciplinada, mas há também a versão que é ineficaz em impor a cultura do trabalho árduo em meio a sua população, restringe a mobilidade social, despreza o comércio e a indústria e suprime a criatividade. O que uma sociedade produz com sua matéria-prima cultural é em grande parte uma questão de escolha — e, portanto, de ação efetiva.

As políticas econômicas e sociais corretas podem promover o desenvolvimento, oportunidades iguais e outros fatores positivos em qualquer contexto cultural.

O Japão e a Coreia careciam de uma força de trabalho moderna, habituada à pontualidade e à disciplina industrial. Essa força de trabalho foi forjada por medidas concretas — estímulo a hábitos de assiduidade e disciplina nas escolas, uma campanha ideológica com ênfase na necessidade do trabalho duro em uma "guerra patriótica" para "reconstruir a nação" mediante o desenvolvimento econômico e a implementação de uma lei trabalhista que permitia longas jornadas e práticas de trabalho rigorosas.

Os países confucionistas fizeram grandes investimentos em educação não porque Confúcio enfatizava a erudição, mas porque a reforma agrária e outras políticas introduzidas após a Segunda Guerra Mundial aumentaram a mobilidade social e, assim, o retorno para a educação. A despeito de o confucionismo ter sido a ideologia oficial do Estado por centenas de anos e a despeito de a Coreia do Sul ter sido colonizada por outro país confucionista, a taxa de alfabetização no país era de apenas 22% quando os colonizadores japoneses partiram, em 1945. Por volta dessa mesma época, a taxa de alfabetização era de 53% na Tailândia budista (1947), 52% nas Filipinas cristãs (1948) e 38% na Malásia predominantemente muçulmana (1947).[7]

No início de sua mobilização pelo desenvolvimento econômico nas décadas de 1960 e 1970, a Coreia descobriu que os jovens relutavam em optar por profissões como ciências e engenharia devido aos antigos preconceitos culturais confucionistas contra aspirações práticas. Assim, o governo coreano restringiu de modo deliberado as vagas e o financiamento dos departamentos de humanidades e ciências sociais nas universidades e permitiu que os melhores alunos de engenharia cumprissem um serviço militar (obrigatório) bastante reduzido. Claro que a produção de mais cientistas e engenheiros teria resultado em um exército de desempregados com diploma de ensino superior, a menos que houvesse trabalho adequado para eles, como aconteceu em muitos outros países em desenvolvimento. Para evitar tal problema, o governo coreano promoveu a industrialização mediante uma intervenção de políticas públicas (ver também os capítulos "Camarão" e "Macarrão"), criando desse modo empregos bem remunerados e intelectualmente gratificantes que os recém-formados em ciências e engenharias poderiam assumir após terminar os estudos na universidade.

Pelo fato de os países confucionistas terem uma das taxas de poupança familiar mais elevadas do mundo — na Coreia, por exemplo, isso representou 22% do Produto Interno Bruto (PIB) no início da década de 1990 e, na China, 39% do PIB em 2010 —, as pessoas costumam apontar a frugalidade como uma característica cultural desses países. É um erro.

No começo da década de 1960, quando a Coreia do Sul era um dos países mais pobres do mundo, a taxa bruta de poupança no país (não apenas familiar) era inferior a 3% do PIB — em 1960, não chegava sequer a 1%. A população era simplesmente pobre demais para guardar alguma coisa, com ou sem confucionismo.

Ao longo das três décadas seguintes, a poupança coreana, sobretudo familiar, aumentou de maneira extraordinária. Não graças a nenhuma revivescência da cultura confucionista — na verdade o confucionismo, em essência uma ideologia criada para uma sociedade agrária, perdeu cada vez mais terreno durante esse período devido à industrialização e à urbanização. As famílias poupavam mais sobretudo porque o país cresceu tão rápido que o aumento do consumo foi incapaz de acompanhar o ritmo do crescimento da renda per capita. Além disso, o governo restringiu com rigor o financiamento hipotecário e o crédito ao consumidor, a fim de maximizar o crédito para os produtores. O povo coreano teve de poupar primeiro antes de poder comprar artigos caros como uma casa, um carro ou uma geladeira.

Quando o país aboliu essas restrições, no fim dos anos 1990, em poucos anos a poupança familiar despencou de 22% do PIB no início dessa mesma década (o índice mais elevado do mundo na época) para o mais baixo do mundo (3% a 5%) no intervalo de poucos anos. Hoje a proporção da poupança familiar nacional em relação ao PIB (média durante 2005-14) é de meros 5%, menos da metade da que se verifica em países latino-americanos ditos "perdulários", como Chile (10,5%) e México (11,4%).[8]

Seria tolice negar que a cultura afeta os valores e o comportamento das pessoas e, assim, a forma como a economia de um país é organizada e desenvolvida. Mas o modo como o faz desafia os tão comuns estereótipos simplistas; toda cultura tem múltiplas facetas, que são complexas e estão em constante evolução. E, acima de tudo, a cultura é bem menos poderosa do que as políticas públicas para determinar o comportamento econômico individual e o desempenho econômico nacional, independentemente de se tratar de coreanos comedores de bolota ou de muçulmanos que não comem porcos comedores de bolota.

2
Quiabo

> *Succotash creole (americano;*
> *adaptado do livro de receitas* Treme)
> *Prato à moda creole com quiabo, milho doce, feijão,*
> *tomate, linguiça picante e camarão (ou lagostim)*

FUI APRESENTADO AO QUIABO em um restaurante sul-asiático* alguns anos após minha chegada à Grã-Bretanha, em 1986. Era um prato chamado *bhindi bhaji*, que o cardápio, pensando nos clientes ocidentais, traduzia como "quiabo salteado" [*sautéed lady finger*]. Havia algumas hortaliças que eu nunca provara antes de viajar à Grã-Bretanha, mas de cuja existência eu tinha conhecimento por meio de livros e filmes — brócolis, beterraba e nabo, entre outros. Mas de quiabo nunca ouvira falar.

---

* Ver "Especiarias" para compreender por que digo "sul-asiático" em vez de "indiano", como é a prática comum.

À parte ser incapaz de compreender por que o vegetal era chamado de "dedo de moça", uma vez que picado perdia o formato, o prato não me convenceu. Achei a textura "gosmenta" (aprendi depois que o termo técnico é "mucilaginoso") um pouco difícil de apreciar.

Mais tarde, provei variedades de *bhindi bhaji* muito melhores — com menos baba, não tão cozidas e mais bem temperadas. Meu conceito sobre a hortaliça aumentou ainda mais depois que experimentei um delicioso prato de *okura tempura* em um restaurante no Japão. E numa de minhas visitas ao Brasil também conheci o frango com quiabo. Passei a gostar de quiabo cada vez mais, embora não possa dizer que hoje seja minha hortaliça favorita.

Tudo isso mudou quando fui a um restaurante *cajun* em Washington, DC. Foi lá que provei meu primeiro *gumbo*, o guisado/sopa sulista cujo ingrediente principal é o quiabo (também conhecido como *gumbo* ou *gombo*, nos Estados Unidos), com seus sabores penetrantes e textura gosmenta. Muitos anos depois, experimentei preparar meu primeiro (e até hoje único) prato feito com quiabo — um *succotash* que peguei em um livro de receitas sulistas.* Fiquei impressionado — não com meus dotes culinários (quem dera), mas com a viscosidade que ele deu ao prato. A natureza mucilaginosa do quiabo que fizera de meu primeiro contato com esse vegetal uma experiência um pouco desconfortável se revelou a qualidade mágica que tornava o prato tão suave, delicioso e apaixonante.

O quiabo pertence a uma família de plantas ilustre (*Malvaceae*), que inclui membros famosos como o algodão, o cacau, o hibisco e

---

* O *succotash* (que significa "milho moído") é originário de nativos americanos do nordeste dos Estados Unidos. A receita que usei ganhou um toque "sulista" com o uso da santíssima trindade da cozinha *cajun/creole* (cebola, aipo e pimentão) como base, linguiça defumada *cajun* (que substituí por chouriço) e, claro, quiabo.

o durião.* Ao que tudo indica é proveniente do Nordeste da África (atuais Etiópia, Eritreia e Sudão), embora haja uma forte teoria concorrente que remete sua origem ao Sudeste Asiático e à Índia.[1] Segundo a teoria predominante, o quiabo foi domesticado no nordeste africano e se espalhou para o norte (Mediterrâneo), leste (Oriente Médio, Ásia Meridional, China e Japão) e oeste (África Ocidental). A Coreia, ai de nós, ficou de fora.

O quiabo foi levado para os Estados Unidos e para o resto das Américas por africanos escravizados, junto com cultivos como melancia, amendoim, arroz, gergelim, feijão-fradinho e banana (tanto a variedade adocicada como a banana-da-terra — ver "Banana").[2] Seu nome em inglês entrega a origem. A palavra "*okra*" vem do igbo, uma das principais línguas da atual Nigéria. "*Gumbo*", outro nome comum da planta (bem como do prato que tem o quiabo como ingrediente principal) nos Estados Unidos, como já vimos, vem de línguas do centro e do sudeste africanos.

A escravização de africanos começou em escala industrial com a ocupação europeia do Novo Mundo. Após quase aniquilar a população nativa (não só pelo genocídio como também trazendo novos patógenos), os europeus precisavam desesperadamente de mão de obra substituta — ao menor custo possível. Mais de 12 milhões de africanos foram capturados por traficantes de escravos. Destes, pelo menos 2 milhões pereceram durante o processo de escravização — o processo inicial de captura e cativeiro na África, a atroz travessia do Atlântico (chamada de Passagem do Meio) e o confinamento em campos de "aclimatação" nas Américas, onde os africanos capturados eram subjugados antes de serem vendidos.

Sem esses africanos escravizados e seus descendentes, os países

---

* O conhecido fruto fedorento tão apreciado no Sudeste Asiático, que para mim tinha gosto de mostarda misturada com queijo azul e era estranhamente viciante.

capitalistas europeus não poderiam ter tido acesso aos recursos baratos que alimentavam suas fábricas, bancos e mão de obra — ouro, prata, algodão, açúcar, índigo (anil), borracha e tanta coisa mais. Sem essas pessoas, particularmente, os Estados Unidos jamais teriam se tornado a superpotência econômica que são hoje. E essa não é uma afirmação retórica.

É um fato notório que os africanos escravizados nas fazendas coloniais americanas eram chicoteados e torturados para produzir algodão e tabaco. Mas não é muita gente que sabe como esses cultivos eram importantes para a economia norte-americana. Só esses dois produtos responderam por no mínimo 25% e mais de 65% das exportações americanas durante o século XIX. Em seu auge, na década de 1830, o algodão sozinho representou 58% das exportações do país.[3] Sem os lucros com a exportação de algodão e tabaco, os Estados Unidos não teriam importado as máquinas e as tecnologias de que precisavam para seu desenvolvimento econômico de países europeus à época superiores em termos econômicos, sobretudo a Grã-Bretanha, que, em troca, se beneficiou do acesso a uma vasta quantidade de algodão barato para alimentar suas tecelagens durante a Revolução Industrial.

Os africanos escravizados não proporcionavam apenas mão de obra (não remunerada). Eram também uma fonte muito importante de capital — algo que, devo confessar, só descobri há pouco tempo. Examinando o legado da escravidão para o *The New York Times*, o sociólogo americano Matthew Desmond escreve: "Pessoas escravizadas foram usadas como garantia hipotecária séculos antes da hipoteca imobiliária. [...] Nos tempos coloniais, quando a terra não valia muita coisa [...], a maioria dos empréstimos se baseava na propriedade humana".[4] Além do mais, Desmond nos conta que essas hipotecas garantidas por indivíduos escravizados eram agrupadas para compor títulos negociáveis, exatamente como os atuais títulos lastreados em ativos (*asset-backed securities*, ABSS), criados a partir da junção de milhares de hipotecas imobiliárias, créditos estudantis e financiamentos de veículos.* Esses títulos eram vendidos a financistas britânicos e da Europa continental, permitindo aos Estados Unidos mobilizar capital em uma escala globalizada e também desenvolver sua indústria financeira para assumir o protagonismo mundial. Sem os escravos, os Estados Unidos teriam permanecido uma economia pré-moderna com um setor financeiro primitivo por muito mais tempo.

Os africanos escravizados não se limitaram a construir a economia norte-americana. Também desencadearam o realinhamento geopolítico que acabaria por fazer dos Estados Unidos um país de proporções continentais, embora ali isso *não* tenha sido feito pelas pessoas escravizadas.

Em 1791, os escravizados de São Domingos, atual Haiti, se insurgiram contra os proprietários franceses de canaviais, sob a brilhante liderança militar de Toussaint Louverture, um ex-escravizado. Louverture foi capturado pelos franceses em 1802 e mandado para a França, onde morreu no cativeiro, um ano depois. Mas, em 1804, o povo escravizado de São Domingos enfim expulsou os franceses e declarou independência sob a liderança de Jean-Jacques Dessalines, sucessor de Louverture. O recém-fundado Haiti foi o primeiro país do mundo a abolir a escravidão.

A Revolução Haitiana exerceu alguns impactos imediatos na economia norte-americana. Quando a revolta começou, muitos proprietários franceses de canaviais fugiram para os Estados Unidos, para

---

* Esses ABSS foram combinados e picotados para formar as notórias obrigações de dívida colateralizada (*collateralized debt obligations*, CDOS), que desempenharam um papel central na crise financeira mundial de 2008. Para um guia rápido e acessível de ABSS e CDOS e da crise financeira mundial de 2008, ver meu *Economia: modo de usar*, capítulo 8, "Problemas no Banco Fiduciário Fidelity: finanças".

a atual Louisiana. A região na época era território francês e também propícia para o plantio da cana-de-açúcar. Eles levaram consigo escravos capacitados para o cultivo e o processamento da cana, bem como tecnologias melhores para tal, conduzindo a indústria açucareira da Louisiana a outro nível. Cinco décadas depois, a Louisiana produzia um quarto do suprimento mundial de açúcar.[5]

Mas o impacto mais abrangente — ainda que de todo involuntário — da Revolução Haitiana foi a chamada Compra da Louisiana, em 1803. O revés sofrido com a revolta no Haiti levou Napoleão, então soberano da França, a decidir se desligar das Américas, em especial do território que seu país possuía na América do Norte. O território, na época batizado de Louisiane, em homenagem a Luís XIV,* cobria cerca de um terço do atual território americano, estendendo-se mais ou menos de Montana, a noroeste, até o estado da Louisiana, no sudeste. Os Estados Unidos negociavam com a França a compra do porto de New Orleans e do atual estado da Flórida havia alguns anos, mas, quando decidiu partir das Américas, Napoleão propôs "vender"** toda a Louisiana para os Estados Unidos.

Com a Compra da Louisiana, o território norte-americano praticamente dobrou da noite para o dia. No início, a mineração foi a principal atividade no novo território. Mas, à medida que o século avançava e cada vez mais colonos europeus chegavam para se estabelecer em fazendas, o território se transformou no celeiro do país

---

* Mas também poderia ter sido qualquer um dos treze Luíses anteriores, a menos que a pessoa conheça a história da França. Os franceses tinham o hábito irritante de dar o mesmo nome a um monte de reis.

** "Vender", nesse caso, é um enorme exagero, pois a França não era "dona" do território em nenhum sentido real, exceto de algumas áreas limitadas. A maioria dos territórios na Louisiana francesa continuava controlada por nativos americanos e permanecia inexplorada pelos invasores europeus, de modo que o que Napoleão vendeu para os Estados Unidos foi o direito de expulsar os indígenas sem interferência francesa.

(e do resto do mundo), graças às vastas extensões de terras férteis e planas que continha (ver "Centeio"). Essa colonização, no entanto, causou um sofrimento incalculável aos nativos americanos. Eles foram expulsos de suas terras ancestrais. Muitos acabaram em "reservas", onde sofreram com a pobreza e a marginalização. Vários outros pereceram devido à violência armada, à pobreza e às doenças antes mesmo de irem parar em uma delas.

A Compra da Louisiana passou mais tarde a ser a via que permitiu a chegada dos Estados Unidos ao Pacífico. A contínua Marcha para Oeste foi concluída mediante a aquisição do Território do Oregon* junto aos britânicos em 1846 e a guerra com o México (1846-8), que foi forçado a vender um terço de seu território a preço de banana.**

Assim, sem a revolta dos haitianos escravizados, a França não teria abandonado seu território norte-americano. Com isso, os Estados Unidos seriam um país grande, mas não de proporções continentais, ocupando o terço leste de seu atual território. Ninguém sabe se um país desse tamanho poderia ter se tornado a superpotência mundial que veio a ser.

A escravidão chegou formalmente ao fim nos Estados Unidos algumas décadas após o país alcançar suas proporções continentais. Em 1862, numa encruzilhada crítica da Guerra Civil Americana, Abraham Lincoln decretou a emancipação dos escravos nos Estados Unidos, a qual passou a ser lei em todo o país quando o Norte venceu a guerra, em 1865. O Império Britânico já abolira a escravidão em 1833, embora isso não houvesse impedido suas fábricas e bancos de

---

*   Compreendendo os atuais estados do Oregon, Washington e Idaho.
** Isso incluía os atuais estados da Califórnia, Nevada, Utah e partes do Arizona, Oklahoma, Novo México, Colorado e Wyoming.

lucrar com o algodão produzido por escravizados e com os títulos criados a partir das hipotecas de escravos nos Estados Unidos. Em 1888, a escravidão terminou também no Brasil, a outra grande economia escravagista do mundo.

O fim da escravidão nas principais economias baseadas na propriedade de escravos, porém, não significou o fim da mão de obra cativa. Ao longo do século XIX e início do XX, cerca de 1,5 milhão de indianos, chineses e até japoneses emigrou de seus países para trabalhar em regime de servidão por contrato e substituir os escravos libertos. Esses trabalhadores não eram escravos. Mas não tinham liberdade para mudar de emprego e gozavam apenas de direitos mínimos durante todo o período de seus contratos (de três a dez anos). Além do mais, muitos trabalhavam em condições semelhantes às enfrentadas pelos escravos, chegando até a ficar alojados em antigos barracões destinados a eles. A maioria dos cerca de 2 milhões de indivíduos de etnia japonesa no Brasil e no Peru, as comunidades chinesas e indianas em várias partes do Caribe e da América Latina e os descendentes de indianos em lugares como África do Sul, Maurício e Fiji são resultado dessa migração em larga escala para trabalhar sob tais condições, que deu prosseguimento à servidão durante várias décadas após a abolição da escravatura, até o Império Britânico afinal abolir a servidão por contrato em 1917.

Os entusiastas do livre mercado costumam defender o capitalismo utilizando o linguajar da liberdade. Os americanos se orgulham de possuir um sistema de "livre-iniciativa". O título do livro mais influente de Milton Friedman, o guru do livre mercado, e sua esposa, Rose Friedman, é *Livre para escolher*. Os principais *think tanks* do livre mercado publicam regularmente indicadores de liberdade econômica — o Índice de Liberdade Econômica da Heritage Foundation e o Índice de Liberdade Econômica do Mundo do Cato Institute são os mais conhecidos.

A liberdade que os defensores do livre mercado valorizam é, contudo, das mais restritas. Para início de conversa, é uma liberdade na esfera econômica — liberdade para as empresas produzirem e venderem o que considerarem mais lucrativo, liberdade para os trabalhadores escolherem suas ocupações, liberdade para os consumidores comprarem o que quiserem. Se outras liberdades — políticas ou sociais — entram em conflito com a liberdade econômica, os economistas do livre mercado não hesitam em priorizar esta última. É por isso que Milton Friedman e Friedrich von Hayek apoiaram às claras a ditadura militar assassina do general Pinochet no Chile. Para eles, as políticas de livre mercado sob Pinochet, implementadas pelos denominados "Chicago Boys",* eram uma defesa da liberdade econômica contra as políticas "socialistas" de Salvador Allende (elas não eram *tão* socialistas assim, mas isso é outra história), o presidente eleito assassinado no golpe militar de 1973.**

Além do mais, nesse conceito estreito que fazem da liberdade econômica, a liberdade que Friedman, a Heritage Foundation e outros mais valorizam é a liberdade dos proprietários de terras e imóveis de usar suas posses da forma mais lucrativa possível. As liberdades econômicas alheias que possam se chocar com a liberdade econômica dos proprietários — por exemplo, a liberdade dos trabalhadores de realizar ações coletivas (como greves), a liberdade que um Estado de bem-estar social forte proporciona a desempregados de serem um pouco mais

---

* Um grupo de economistas da Universidade de Chicago, que é famosa por sua economia de livre mercado e onde tanto Hayek (1950-61) como Friedman (1946-77) lecionaram.

** Fazendo do Chile o "paciente zero" do neoliberalismo, que foi implementado em outros lugares apenas na década de 1980, sob a liderança de Margaret Thatcher e Ronald Reagan (ver "Coca-Cola").

seletivos sobre seus novos empregos — são na melhor das hipóteses ignoradas e, na pior, denunciadas como contraproducentes. Como se não bastasse, se alguém era considerado "propriedade", como os africanos escravizados, sua falta de liberdade tinha de ser impingida pela violência e até pela guerra, de forma que os "donos" deles pudessem exercer livremente seus direitos de propriedade.

Ao longo do último século e meio, o capitalismo só se tornou mais humano porque restringimos a liberdade econômica dos proprietários que os campeões do livre mercado consideram sacrossanta. A sociedade introduziu instituições que protegem as liberdades políticas e sociais contra a liberdade econômica dos proprietários caso entrem em conflito com esta última — constituições democráticas, leis de direitos humanos e proteção legal de protestos pacíficos. Restringimos a liberdade econômica dos proprietários por meio de inúmeras leis — banindo a escravidão e a servidão, protegendo o direito à greve, instituindo o Estado de bem-estar social (ver "Centeio"), cerceando a liberdade de poluir (ver "Limão") e assim por diante.

Assim como o quiabo serve para dar liga aos ingredientes em alguns pratos, sua história, contada neste capítulo, constitui a liga de histórias entrelaçadas de liberdades econômicas e de outros tipos, bem como da ausência de liberdade, sob o capitalismo — africanos escravizados e seus descendentes, americanos nativos, asiáticos em regime de servidão por contrato, donos europeus de fazendas coloniais que usaram escravos e servos e outros colonos europeus na América do Norte. A história revela que a relação entre capitalismo e liberdade sempre foi complicada, conflituosa e às vezes até contraditória, diferentemente da narrativa de liberdade pura sustentada pelos defensores do capitalismo de livre mercado. Só quando compreendermos melhor as complexidades dessa relação começaremos a compreender como fazer do capitalismo um sistema mais humano.

3
Coco

> *Piña colada (porto-riquenha)*
> *Rum, leite de coco e suco de abacaxi*

COM TRÊS DÉCADAS E MEIA DE VIDA, eu tinha uma concepção muito limitada — e um tanto negativa — do coco. Até vir para a Grã--Bretanha, em 1986, nunca tinha visto um, pois a Coreia do Sul fica ao norte demais para seu cultivo e na época era pobre demais para importar "artigos de luxo" como frutas estrangeiras. A única forma de coco que eu conhecia era a polpa desidratada e ralada misturada a um biscoito vendido como iguaria exótica.

Mudei de opinião sobre o coco de forma radical ao experimentar minha primeira *piña colada*, nas primeiras férias que passei numa praia tropical, em Cancún, México, no fim da década de 1990. Eu sempre gostara de suco de abacaxi, mas quando misturado com leite de coco e rum o resultado é mágico. Acho que passei metade do tempo nessas férias me embriagando com *piña colada* e a outra metade correndo atrás de minha filha pequena perto da praia e da piscina.

Meu apreço pelo coco aumentou quando descobri uma série de pratos salgados que levam leite de coco. Primeiro foram os *curries* tailandeses — nas variedades tanto verde como vermelha. Depois a *laksa*, a apimentada sopa de macarrão malaio-singapuriana feita com leite de coco, e o *nasi lemak*, o arroz malaio-indonésio cozido em leite de coco e folha de *pandan*, servido com deliciosos acompanhamentos (em geral anchovas secas fritas, amendoim torrado, meio ovo cozido e fatias de pepino) e *sambal* (um molho à base de pimenta). Viajando ao Brasil, apaixonei-me pela moqueca baiana, preparada com pimenta e leite de coco. Quando conheci pratos da Índia meridional e do Sri Lanka que usam leite de coco para enriquecer o sabor sem ficarem tão pesados quanto os do norte da Índia (não estou dizendo necessariamente que prefiro aqueles a estes), minha conversão à causa do coco foi completa.

Um quarto de século após meu primeiro contato com o leite de coco numa *piña colada*, passei a gostar também de outras formas de consumir a fruta. Adoro água de coco, com seu doce sabor refrescante tirante a sal. Quando me sirvo das saladas no bufê de um restaurante qualquer no Sudeste Asiático ou na América do Sul, sempre ponho uma pilha de palmito no prato[1] (embora saiba que ele não tem nada a ver com a "palmeira" do coqueiro, ou *coconut palm*). Cheguei até a apreciar — mas não a ponto de amar — a polpa de coco ralada utilizada em alguns pratos da Índia meridional, como *sambar* ou *thoren*, ainda que eu não esteja de todo convencido de seu uso em *macaroons** e outros biscoitos (alguns preconceitos são duros de superar).

---

* De textura densa e mastigável, os biscoitos *macaroons* são diferentes dos macarons, tradicional sobremesa francesa. (N. E.)

O coco não serve só para comer. O fruto imaturo é uma fonte disponível de água potável — conta-se que navios a vela viajando por longas distâncias e atravessando águas tropicais costumavam transportar cocos verdes como um suprimento de emergência. O óleo é popular na cozinha. Ficou conhecido por ter sido o primeiro óleo vegetal usado pelos estabelecimentos de peixe com fritas na Grã-Bretanha,* tocados por imigrantes judeus em meados do século XIX (mais um exemplo de como tantas coisas "britânicas" são na verdade de origem estrangeira; ver também "Alho").[2] O óleo de coco é um ingrediente importante do sabão e de produtos cosméticos. Era utilizado para lubrificação nas fábricas antes da chegada dos lubrificantes à base de petróleo e entrava na composição da glicerina para a produção de dinamite (ver também "Anchova"). A fibra da casca de coco é usada na confecção de cordas, escovas, sacos, esteiras e também como enchimento de colchão. O coco, além disso, é uma fonte de combustível; o coco verde depois de consumido e a casca do coco servem para produzir biodiesel, como fazem nas Filipinas.

Por ser tão versátil e útil, o coco virou um símbolo da abundância [*bounty*] natural dos trópicos, pelo menos na imaginação de muita gente que não vive nesses lugares.

Não por coincidência, Bounty é o nome de um chocolate com recheio de coco muito consumido na Grã-Bretanha e no Canadá, cuja embalagem exibe um coqueiro, mar azul, areias brancas e um coco aberto. Pode não ser o chocolate mais famoso do mundo, mas ainda assim é popular o suficiente para ser incluído na caixa de bombons Celebrations, fabricada pela Mars, e não deixa nada a desejar na concorrência com astros do universo do chocolate como Snickers, Twix, Galaxy e Milky Way.

---

* Havia uma marca popular chamada Nut Lard ["banha de coco"].

A associação do coco com os trópicos é tão arraigada que o modelo da chamada "economia de Robinson Crusoé" usado por muitos professores para passar a seus alunos alguns conceitos básicos da disciplina consiste em uma economia de uma única mercadoria, que produz e consome apenas coco[3] — ainda que na verdade não haja nenhuma menção a cocos em *Robinson Crusoé*.*

Enquanto na cabeça de muita gente o coco simboliza a abundância natural dos trópicos, ele também é com frequência usado para "explicar" por que as pessoas nessas regiões são pobres.

Uma suposição comum em países ricos é que países pobres são pobres porque sua população não é chegada no batente. E como a maioria dos países pobres — quando não todos — fica nos trópicos, as pessoas nos países ricos costumam atribuir essa falta de ética do trabalho à vida fácil supostamente proporcionada pela abundância tropical. Nos trópicos, dizia-se, o alimento dá por toda parte (banana, coco, manga etc., no imaginário tradicional), enquanto graças ao calor ninguém precisa de abrigos resistentes nem de muita roupa. Por conseguinte, os povos tropicais *não precisam* trabalhar duro pela sobrevivência e se tornam menos industriosos.

Essa ideia costuma ser expressa — em geral em caráter privado, considerando a natureza ofensiva do argumento — por meio do coco. Os proponentes dessa tese da "falta de ética do trabalho nos trópicos" sugerem que esses países tropicais são pobres porque os "nativos" passam o dia deitados sob coqueiros esperando o fruto

---

* Os frutos consumidos por Robinson Crusoé são limão, limão-siciliano, uva e melão, que crescem em sua ilha. Ele cultiva cevada e arroz (brotados dos restos que havia no fundo de um saco de ração para galinhas encontrado em seu navio naufragado, que ele esvaziou acreditando não conter nada aproveitável), caça cabras e pesca. Mas sua dieta contém zero coco.

cair, em vez de tentar cultivar coisas por conta própria ou, melhor ainda, produzi-las.

Uma narrativa muito plausível — se não fosse completamente falsa.

Para começar, poucos nativos sensatos dos países tropicais se deitariam sob um coqueiro, ainda que quisessem um coco de graça. Se o fizerem, correm o risco de morrer por causa de uma pancada na cabeça (a queda de cocos pode de fato ser uma fatalidade, a ponto de haver até uma lenda urbana de que matam mais pessoas do que os tubarões, o que não é verdade). Assim, mesmo que você fosse esse "nativo preguiçoso" hipotético, não se deitaria sob um coqueiro — ficaria esperando (deitado, se preferir, embora isso não seja um pré-requisito) em algum outro lugar e de vez em quando daria uma olhada para ver se algum coco caiu.

Mas, falando sério, a falta de ética do trabalho entre as pessoas dos países pobres não passa de mito. Na verdade, elas trabalham muito mais do que os habitantes dos países ricos.

Para começar, em geral há uma proporção muito maior da população em idade ativa trabalhando nos países pobres do que nos ricos. Segundo dados do Banco Mundial, em 2019 a taxa de participação na força de trabalho* era de 83% na Tanzânia, 77% no Vietnã e 67% na Jamaica, comparada a 60% na Alemanha, 61% nos Estados Unidos e 63% na Coreia do Sul, supostamente uma nação de workaholics.[4]

Nos países pobres há uma imensa quantidade de crianças que trabalham em vez de ir à escola. O Fundo das Nações Unidas para a Infância (Unicef) estima que, durante o período 2010-8, em média 29% das crianças com idade entre cinco e dezessete anos nos paí-

---

* A taxa de participação na força de trabalho é a porcentagem de pessoas empregadas (ou desempregadas, mas ativamente à procura de emprego) dividida pela população total em idade ativa.

ses subdesenvolvidos* trabalhavam (atividades tradicionais como ajudar nas tarefas domésticas, cuidar de irmãos menores, entregar jornais e coisas desse tipo *não* são consideradas "trabalho infantil"). Na Etiópia, quase metade da população infantil trabalhava (49%), enquanto a proporção de crianças no mercado de trabalho era de 40% em países como Burkina Faso, Benin, Chade, Camarões e Serra Leoa.[5]

Além do mais, nos países ricos a vasta maioria das pessoas no auge da plenitude física, com idade entre dezoito e 24 anos, está no ensino superior. A porcentagem da faixa etária relevante frequentando o ensino superior pode chegar a 90% em alguns deles (como Estados Unidos, Coreia do Sul e Finlândia), ao passo que é inferior a 10% em cerca de quarenta países pobres. Isso significa que nos países ricos a maioria só começa a trabalhar bem depois do início da vida adulta, com muita gente estudando coisas que não necessariamente incrementarão sua produtividade econômica, embora eu acredite que sejam valiosas por outros motivos — literatura, filosofia, antropologia, história e por aí vai.

Nos países pobres, a taxa de mortalidade após a idade de aposentadoria (sessenta a 64 anos, dependendo do país) é maior do que nos países ricos. Mas, enquanto continuam vivos, os idosos dos países pobres tendem a seguir no mercado de trabalho por muito mais tempo, uma vez que muitos não podem se dar ao luxo de se aposentar. Uma proporção elevada trabalha até a decrepitude física, como pequenos agricultores e comerciantes ou pessoas sem remuneração incumbidas de tarefas domésticas e do trabalho de cuidados.

Além disso, a vida útil da mão de obra nos países pobres é muito maior. As populações de países "quentes" como Camboja, Bangladesh,

---

* Grosso modo, países com renda bruta per capita inferior a mil dólares anuais, embora a definição exata seja bem mais complicada que isso.

África do Sul e Indonésia trabalham 60% a 80% mais tempo do que alemães, dinamarqueses e franceses e 25% a 40% mais tempo do que americanos e japoneses (estes últimos, aliás, a despeito da fama de "formiguinhas", hoje em dia pegam menos no batente do que os americanos).[6]

Se as pessoas nos países pobres de fato trabalham muito mais do que nos países ricos, sua pobreza nada tem a ver com diligência. Tem a ver com produtividade. Elas cumprem jornadas de trabalho muito maiores por um período muito maior da vida em relação a quem vive em países ricos, mas produzem muito menos.

Essa baixa produtividade, por sua vez, tampouco se deve à qualidade individual dos trabalhadores, como nível de ensino ou saúde. Tais coisas importam para alguns trabalhos muito qualificados. Mas, na maioria dos empregos, os trabalhadores dos países pobres são individualmente tão produtivos quanto os dos países ricos.[7] Isso é fácil de perceber se pensarmos que imigrantes vindos de economias pobres conhecem um vasto aumento de produtividade ao mudar de país, embora não adquiram habilidades extras nem gozem de uma drástica melhoria de saúde ao migrar. Seu incremento de produtividade se deve ao fato de passarem de uma hora para outra a trabalhar com tecnologias melhores em unidades de produção mais bem gerenciadas (por exemplo, fábricas, escritórios, oficinas e fazendas), apoiados por uma infraestrutura de qualidade superior (como eletricidade, transporte, internet) e arranjos sociais mais eficazes (por exemplo, políticas econômicas, sistema legal). É como um jóquei acostumado a penar com um burrinho desnutrido que de repente passa a montar um cavalo puro-sangue. Claro que a habilidade do jóquei faz diferença, mas a vitória na corrida é determinada em grande parte pelo cavalo — ou burro — que ele monta.

Mas o motivo de países pobres disporem de arranjos tecnológicos e sociais menos eficientes que resultam em baixa produtividade é uma história complexa, exigindo a explicação de uma série de fatores que não cabe neste breve capítulo, sendo os mais importantes deles a história da dominação colonial que forçou os países a se especializar em mercadorias primárias de pouco valor (ver "Anchova"), divisões políticas intransponíveis, a natureza deficiente de suas elites (latifundiários improdutivos, uma classe capitalista sem dinamismo, líderes políticos corruptos e sem visão) e a natureza injusta do sistema econômico internacional que favorece os países ricos (ver "Carne").

O que fica claro, porém, é que a pobreza das populações nesses países se deve na maior parte a forças históricas, políticas e tecnológicas além de seu controle, não a suas deficiências individuais, muito menos a sua relutância em trabalhar duro.

O equívoco fundamental sobre a causa da pobreza nos países pobres, representado no falso imaginário construído em torno do coco, ajudou as elites globais, não só nos países ricos, mas também nos pobres, a culpar esses povos pela própria pobreza. Talvez compreender o que está por trás da história desse fruto ajude o resto de nós a obrigar as elites a responder a questões difíceis sobre injustiça histórica e restituição, assimetria do poder internacional e reformas econômicas e políticas nacionais.

II
Aumentando a produtividade

4
Anchova

> *Torrada com anchova e ovo (receita minha)*
> *Maionese, ovo mexido, filetes de anchova*
> *e pimenta em pó sobre uma torrada*

A ANCHOVA É O PEIXE PEQUENO por excelência. Na Coreia, uma criança magricela é chamada de "anchova seca". Porém, trata-se na verdade do maior pescado do mundo em termos de impacto nas culturas culinárias. Que outro peixe é consumido em tamanhas quantidades por coreanos, japoneses, malaios, vietnamitas, tailandeses, indianos, franceses, espanhóis e italianos — e de formas tão variadas?

Fora da Ásia e do Mediterrâneo, a maioria das pessoas talvez conheça a anchova devido à pizza de aliche: os filetes de anchova salgados, maturados e preservados em óleo comestível ao estilo mediterrâneo. Na Itália meridional, essa anchova curada é empregada em molhos para massas. No Piemonte, norte da Itália, é transformada em um molho com muito alho chamado *bagna càuda*, para ser consumido com legumes crus ou cozidos. Na região francesa da Provença as pessoas acrescentam alcaparras e azeitonas pretas às anchovas em conserva e fazem um patê chamado *tapenade*, para comer com *crudités* (legumes crus) ou passar na torrada (hmmm...). Na Espanha, *boquerones en vinagre*, ou anchovas marinadas em vinagre e azeite, são um prato popular nos bares de tapas. (Escrever essas coisas está me dando água na boca.)

Vá à Ásia e os usos do peixe são ainda mais diversos. Na Malásia e na Indonésia, a anchova é conhecida como *ikan bilis* e consumida seca e frita, inclusive como acompanhamento de *nasi lemak*, ou arroz preparado com leite de coco e folha de *pandan* (ver "Coco"). Coreanos adoram anchova seca: ela é consumida como *anju* (petisco para acompanhar bebidas alcoólicas), puro ou lambuzado com *gochujang* (um missô coreano apimentado). Também fritamos a anchova seca, que costuma ser caramelizada com molho de soja e açúcar, e ingerida como um *banchan* (um pequeno prato que acompanha o arroz). Dependendo de seu paladar, você pode adicionar uma variedade de frutos oleaginosos e sementes para obter um leve sabor de nozes ou pimenta verde como um toque extra. Muitos caldos coreanos e japoneses são feitos com anchovas secas e *dashima* seca (uma alga marinha mais conhecida por seu nome japonês, *kombu*, fora da Coreia) — além de alho (para nós, coreanos). No Japão e na Coreia, a anchova também é consumida crua — como sashimi —, embora não seja um prato comum.*

Por mais variado que seja seu uso, o principal papel desempenhado pela anchova em muitas culturas culinárias é como ingrediente principal do molho de peixe fermentado. Conta-se que os romanos lambuzavam sua comida com quantidades generosas de *liquamen* ou *garum*, molhos de peixe fermentados em geral feitos com anchovas, para dar a seus pratos um sabor umami — hoje reconhecido como

---

* Como a anchova é muito perecível e estraga com facilidade, só pode ser consumida como sashimi perto dos locais onde é pescada.

um dos cinco sabores básicos junto com doce, salgado, amargo e azedo (há um debate para determinar se *liquamen* ou *garum* eram em essência a mesma coisa, mas não precisamos nos deter sobre isso aqui). A anchova é o peixe mais comumente utilizado para o *nuoc mam* vietnamita e o *nam pla* tailandês. Uma comida tailandesa ou vietnamita é inimaginável sem seus respectivos molhos de peixe. Já os coreanos são bastante leais à anchova, ou *myulchi*, com a qual preparam o *myulchi-jut*, ou molho de anchovas fermentado. Um bom *myulchi-jut* é o segredo para um *kimchi* de primeira.

Por mais estranho que pareça, creio que os americanos deveriam levar o prêmio de maiores fãs do molho de anchovas fermentado. Eles o bebem (quem usa um troço desses como bebida?!). O Bloody Mary [Maria Sanguinária], um dos coquetéis típicos dos Estados Unidos (a despeito de ter recebido esse nome, segundo consta, numa referência à rainha Maria da Inglaterra, filha de Henrique VIII e meia-irmã de Elizabeth I), leva molho de anchova fermentado, contido no molho Worcestershire (ou molho inglês).* Os britânicos também o consomem sem saber, quando saboreiam seu queijo-quente ("*cheese toastie*" — ver "Especiarias") regado com molho inglês.

Além dos ricos sabores, a anchova já proporcionou muita riqueza material. Ela está na raiz da prosperidade econômica peruana de meados do século XIX. Mas *não* porque o país exportasse anchova.**

---

* O molho inglês, comercializado pela primeira vez em 1837 pela companhia britânica Lea & Perrins (hoje de propriedade da Kraft Heinz, uma empresa americana), é feito com vinagre, melaço, tamarindo, temperos, açúcar, sal e anchova fermentada. A exata proporção desses ingredientes é um segredo comercial, claro.

** Hoje o Peru na verdade exporta anchova diretamente — usada como ração no cultivo de salmão em outros países, sobretudo o Chile. Agradeço a Andy Robinson por chamar minha atenção para esse fato.

Na época, o Peru vivia um boom econômico baseado na exportação de guano (excremento ressecado) de aves marinhas. Era um fertilizante muitíssimo valorizado, rico em nitrato e fósforo e com um odor não tão ofensivo. Também era usado na fabricação da pólvora, pois continha salitre (nitrato de potássio), um ingrediente crucial.*

O guano peruano consistia no excremento de cormorões e atobás que viviam em ilhas ao largo da costa do Pacífico. A dieta desses pássaros era constituída basicamente de peixes, sobretudo anchovas, que realizavam sua migração ao longo da costa ocidental da América do Sul aproveitando a corrente de Humboldt, rica em nutrientes, que se estende do sul do Chile ao norte do Peru. O nome da corrente é uma homenagem a Alexander von Humboldt, o cientista e explorador prussiano; em 1802, ele bateu o recorde mundial de escalada na época, subindo por 5878 metros do vulcão Chimborazo, a montanha mais alta do Equador, com 6263 metros. Também foi um dos primeiros defensores do guano peruano na Europa. O guano se tornou tão importante para o Peru que historiadores da economia falam sobre uma "Era do Guano" (década de 1840 à de 1880).

O Peru não era o único país onde o guano era importante. Em 1856, o Congresso dos Estados Unidos aprovou a Lei das Ilhas de Guano, que permitia a cidadãos americanos tomar posse de ilhas contendo depósitos desse material em qualquer parte do mundo, a menos que fossem ocupadas ou pertencessem à jurisdição de outros governos. A lei deu aos Estados Unidos a justificativa para a ocupação de mais de uma centena de ilhas no Pacífico e no Caribe, contrabalançando o monopólio britânico do comércio de guano peruano. A Grã-Bretanha, a França e outros países também ocuparam ilhas com depósitos de guano.

---

* Da mesma forma que o coco pode ser usado para a produção de glicerina. Ver "Coco".

O boom do guano peruano não durou muito. Trinta anos após seu início, a exportação começou a declinar devido à exploração excessiva. O impacto foi por algum tempo mascarado pela descoberta, na década de 1870, de depósitos de salitre, um mineral rico em nitrato que podia ser usado na fabricação de fertilizante e pólvora, e também como conservante de carne. Mas a prosperidade do Peru chegou ao fim com a Guerra do Pacífico (1879-84), também conhecida como Guerra do Salitre, em que o Chile ocupou toda a área costeira da Bolívia (impedindo dessa forma o acesso do país ao mar) e cerca de metade da costa meridional peruana. Essas regiões compreendiam imensos depósitos de salitre e guano de aves e enriqueceram o Chile.

O que tampouco teve longa duração. Em 1909, o cientista alemão Fritz Haber inventou um método para isolar o nitrogênio do ar utilizando eletricidade de alta voltagem a fim de produzir amônia e, a partir dela, fertilizante artificial. Com isso, ele descobriu uma forma de fabricar fertilizante literalmente do nada. Haber ganhou o prêmio Nobel de química em 1918, mas seu trabalho no desenvolvimento de gases venenosos, empregados na Primeira Guerra Mundial, lhe rendeu tamanha notoriedade negativa que eclipsou o fato de ter sido nobelizado.

A invenção foi comercializada por outro cientista alemão, Carl Bosch, funcionário da companhia química Badische Anilin- und Sodafabrik (Basf), ou "Fábrica de Anilina* e Soda Baden", que adquiriu a tecnologia de Haber. Hoje em dia ela é conhecida como processo Haber-Bosch. Esse processo possibilitou a produção em massa de fertilizante artificial, despojando o guano de seu status no setor de fertilizantes. O salitre, uma fonte de nitratos ainda mais impor-

---

* A anilina serve de matéria-prima para muitas tinturas artificiais, incluindo cores como malva, índigo e amarelo. Ela também é usada na fabricação de vários tipos de medicamentos.

tante, também perdeu seu valor. A produção de nitratos extraídos naturalmente (guano e salitre) no Chile despencou de 2,5 milhões de toneladas em 1925 para apenas 0,8 milhão de toneladas em 1934.[1]

Outras inovações tecnológicas trouxeram consequências devastadoras para diversos exportadores de mercadorias primárias no século XIX. A invenção de corantes artificiais na Grã-Bretanha e na Alemanha arruinou os produtores de corantes naturais no mundo todo. Corantes vermelhos artificiais, como a alizarina, minaram a riqueza da Guatemala. Na época, o país era muito dependente da exportação de cochonilha, um corante carmesim altamente valorizado, empregado no tingimento das batinas de cardeais católicos (bem como para dar cor ao Campari, uma bebida de origem italiana usada como ingrediente do popular coquetel Negroni — mais um *fun fact* sobre a alimentação humana). A tintura de cochonilha é extraída da... cochonilha, ou *Dactylopius coccus*, um inseto parasita semelhante a um tatuzinho de jardim.

Quando desenvolveu a tecnologia para produzir alizarina a partir de alcatrão de hulha em 1868, a Basf passou a fabricar a cor vermelha mais valiosa do mundo com a substância mais escura do mundo — carvão. A empresa também desenvolveu a tecnologia para a produção em massa do índigo artificial, outro corante muito valorizado, em 1897, arruinando a indústria de índigo na Índia e acabando com o meio de vida de inúmeros trabalhadores locais, além de levar à falência muitos fazendeiros coloniais de índigo britânicos e de outras nacionalidades europeias.

Mais tarde, na década de 1970, a economia malaia, que na época produzia metade da borracha mundial, sofreu a concorrência cada vez maior dos vários tipos de borracha sintética desenvolvidos por cientistas alemães, russos e americanos na primeira metade do século XX. A Malásia depois diversificou sua produção para outras mercadorias primárias, como óleo de palma (azeite de dendê), e para o setor eletrônico, mas o baque da criação da borracha artificial abalou a economia do país.

A invenção de substitutos sintéticos não é a única ameaça aos produtores de mercadorias primárias (produtos agrícolas e de mineração). Também há o risco de que produtores mais eficientes surjam com rapidez porque a produção de mercadorias primárias é relativamente fácil. Até a década de 1880, o Brasil detinha o monopólio da borracha. Ela levou tamanha riqueza a determinadas regiões produtoras que em Manaus, então capital da economia da borracha, foi erguida uma ópera fabulosa, o Teatro Amazonas, onde o italiano Enrico Caruso, na época a mais brilhante estrela em ascensão do canto lírico, se apresentou em 1897. Mas a economia brasileira sofreu um duro golpe quando os britânicos contrabandearam a seringueira para fora do país e estabeleceram fazendas de borracha em suas colônias na Malásia, no Sri Lanka e em outras regiões tropicais. Em meados da década de 1980, a exportação cafeeira do Vietnã era praticamente nula, mas depois cresceu rápido. A partir do início do século XXI, o país passou a ser o segundo maior exportador mundial, atrás apenas do Brasil, afetando seriamente outros países produtores de café.*

---

* Esses exemplos revelam que não há nada "natural" nos recursos naturais produzidos pelos países em desenvolvimento. A borracha é um cultivo originalmente brasileiro, mas seus três maiores produtores hoje são Tailândia, Indonésia e Malásia. O Brasil não figura sequer entre os dez primeiros. O café, produzido sobretudo na América Latina e na Ásia, é uma planta africana, cultivada em maior escala primeiro na Arábia, pelos iemenitas. O chocolate é originário da América Latina (Equador e Peru), mas atualmente os cinco maiores produtores de cacau estão na África e na Ásia (Costa do Marfim, Gana, Indonésia, Nigéria e Camarões são os cinco principais produtores). Da mesma forma, o chá a princípio era produzido apenas na China, mas hoje Índia, Quênia e Sri Lanka são seus maiores produtores. Todos esses artigos mostram que o que costumamos chamar de recursos "naturais" são na verdade consequências da colonização — das metrópoles transplantando culturas altamente

Assim, a posição de um país como principal produtor de uma mercadoria primária pode ser sabotada com facilidade porque esse tipo de coisa é, hã, fácil de produzir. Porém na verdade não há comparação entre o que o Vietnã causou ao Brasil, Colômbia e outros países produtores de café, por um lado, e o que a indústria química alemã causou ao Peru, Chile, Guatemala, Índia e incontáveis outros países dependentes de mercadorias primárias, por outro. O desenvolvimento de tecnologias para a fabricação de substitutos artificiais de substâncias naturais proporciona a uma economia a capacidade de destruir mercados existentes (como o de guano aviário, por exemplo) e criar novos (os fertilizantes químicos, nesse caso).

Falando de forma mais geral, quando dispomos de alta capacidade tecnológica, podemos superar as restrições que a natureza nos impõe. Como os alemães não tinham depósitos de guano, cochonilhas ou plantas anileiras, contornaram o problema criando substitutos químicos.

A Holanda (ou Países Baixos) pode ter um território pequeno (o país apresenta uma das maiores densidades populacionais do mundo, à exceção de cidades-Estados ou nações insulares), mas se tornou o segundo maior exportador agrícola mundial — atrás apenas dos Estados Unidos — porque encontrou maneiras de aumentar sua produção com o uso da tecnologia. Os holandeses ampliaram muito sua agricultura por meio de estufas, permitindo várias colheitas em um mesmo ano a despeito do clima frio, e também com o cultivo hidropônico, em que as plantas crescem em prateleiras irrigadas, possibilitando reunir várias camadas de cultivo sob a estufa numa mesma área. Além disso, aumentaram a produtividade dessa terra potencializada nutrindo as plantas com agroquímicos

---

rentáveis de uma parte do mundo para outra e em geral cultivando-as em fazendas coloniais baseadas na escravidão.

de alta qualidade, num processo que extrai máxima eficiência sendo controlado por computador.

Para dar mais um exemplo, o Japão superou sua falta de combustíveis naturais criando algumas das tecnologias mais eficientes do mundo em termos de consumo de combustível. Quando outros países menos capacitados em termos tecnológicos foram atingidos pela Crise do Petróleo na década de 1970, sua única saída foi reduzir o consumo de petróleo. O Japão, por outro lado, graças a seu know-how, conseguiu resolver o problema maximizando a eficiência de seu uso do petróleo, além de desenvolver uma indústria de energia nuclear bastante eficaz.

A história mostra que um padrão de vida elevado e sustentável só pode ser adquirido por meio da industrialização — ou seja, do desenvolvimento do setor manufatureiro, que é a principal fonte de inovação e capacidades tecnológicas (ver "Chocolate").

Quando adquirimos capacidades produtivas mais elevadas com a industrialização, conseguimos superar as limitações que a natureza nos impõe de uma forma quase "mágica" — podemos obter o vermelho mais vívido a partir do carvão, produzir fertilizante do ar e expandir nossa terra cultivável sem invadir outros países. Além disso, quando adquirimos tais capacidades, passa a ser possível sustentar nosso padrão de vida elevado por um longo período, porque as capacidades, ao contrário dos recursos naturais, não "se esgotam", a exemplo de recursos minerais não renováveis como o salitre, ou de recursos renováveis que quase inevitavelmente são explorados em excesso e chegam ao fim, como o guano peruano de aves que se alimentam de anchovas.

5
Camarão

> *Gambas al ajillo* (*espanhol*)
> *Camarão ao alho e óleo*

ANTIGAMENTE EU PENSAVA que *prawn* e *shrimp* eram nomes diferentes da mesma coisa — sendo o primeiro uma preferência britânica e australiana e o segundo, norte-americana. Há pouco, descobri que se trata de duas espécies diversas, com diferentes segmentações e brânquias. *Prawns* têm garras em três pares de patas, e *shrimps*, apenas em dois pares.

Há outros fatores, mas este livro é sobre comida, não biologia. Numa coisa, porém, a maioria concorda: crustáceos são deliciosos — sejam eles preparados ao alho e óleo no estilo mediterrâneo, como as *gambas al ajillo* espanholas, grelhados na brasa, como nos países de língua inglesa, salteados com molho numa *wok*, à maneira chinesa, ou cozidos com especiarias delicadas, como na Ásia Meridional. Os japoneses empanam e fritam camarão (*ebi*) para preparar *ebi tem-*

pura e o consomem — cru ou cozido — no sushi ou *nigiri*, dando preferência, para isso, ao *ama ebi*, que significa "camarão doce" (e de fato é). Na Coreia nós o usamos até num molho fermentado (*saewu--jut*: *saewu* é a palavra coreana para "camarão" e *jut*, "molho de peixe fermentado", como em *myulchi-jut*, o molho de anchovas fermentado coreano). Na metade norte da península Coreana (não a mesma coisa que Coreia do Norte), o *saewu-jut* é preferido ao *myulchi-jut* como agente para ajudar o *kimchi* a fermentar mais rápido e adquirir um sabor mais forte. Mas coreanos de norte a sul concordarão que a carne de porco cozida não deve ser marinada em outra coisa além de *saewu-jut* no preparo de *bossam* — porco cozido enrolado em *baechu* (repolho-chinês) com *mu namul* (juliana de rabanete em conserva, ou *mu*, com pimenta em pó), *kimchi* e *ssamjang* (missô coreano misturado com alho picado, óleo de gergelim e mel).

O camarão é tão apreciado no mundo todo que imensas áreas de manguezal são destruídas para dar lugar a fazendas de criação, em especial na Tailândia, no Vietnã e na China. Segundo um relatório da Reuters em 2012, cerca de um quinto dos manguezais mundiais foi destruído desde 1980, na maior parte para a criação dessas fazendas.[1] Esse é um problema sério, considerando os valiosos benefícios ambientais que tal ecossistema representa. Entre outras coisas, os manguezais protegem contra inundações e tempestades, são berçários de peixes e outras criaturas aquáticas (inclusive camarões) e oferecem uma rica fonte de alimentação de origem animal e vegetal para populações próximas.[2]

Pensando bem, a popularidade do camarão e seus parentes é uma coisa curiosa.

Há um apelo crescente pelo consumo de insetos na alimentação humana, uma fonte de proteína bem menos prejudicial para o meio ambiente do que a carne. Fazendas de insetos geram virtualmente zero gases de efeito estufa e exigem apenas 1,7 quilo de ração por quilo de biomassa, em comparação aos 2,9 quilos de gases de efeito estufa e dez quilos de ração por quilo de biomassa para a obtenção de carne bovina, a maior vilã nesse quesito (ver também "Carne" e "Limão").[3] Insetos também necessitam de muito menos água e terra por grama de proteína produzido comparados aos animais de criação.[4] No entanto, a demanda por insetos não tem aumentado, enquanto o vegetarianismo e o veganismo se disseminam. O consumo de insetos, sobretudo na Europa e na América do Norte, sofre com o preconceito. Muitos consideram a ideia de comer insetos nojenta.[5]

Curiosamente, porém, a maioria dos que consideram insetos repugnantes aprecia comer camarões e outros crustáceos, como lagostas e lagostins. Trata-se de uma aversão dietética das mais estranhas — pelo menos a meu ver. Tanto crustáceos como insetos são artrópodes (criaturas rastejantes, se preferir) — com tentáculos, exoesqueletos, corpo segmentado e múltiplos pares de patas. Então por que ingerir uns e não outros?

Talvez as pessoas comam mais insetos se mudarmos os nomes deles. Quem sabe não deveríamos rebatizar grilos de "camarão do mato" e gafanhotos de "lagostim do campo" (ou, melhor ainda, *"langoustines des champs"*)? Será que isso os tornaria menos impalatáveis?

Mas há quem adore comer insetos. Chineses, tailandeses e mexicanos são famosos pela entomofagia — um modo chique de dizer que são grandes insetívoros. Assim como eram os coreanos até algumas décadas atrás. Gafanhotos fritos eram muito populares (de maneira similar aos *chapulines* mexicanos), contudo o prato mais popular de longe era o *bun-de-gi*.

Bun-de-gi é a pupa cozida do bicho-da-seda, cujo nome científico, *Bombyx mori*, ficou conhecido graças ao livro *O bicho-da-seda*, escrito por J. K. Rowling sob o pseudônimo de Robert Galbraith. Em minha infância, na década de 1970, costumávamos comer *bun-de-gi* em um cone de jornal ao voltar da escola, comprados de vendedores de rua que disputavam os trocados das crianças recorrendo a tudo que se pode imaginar — pirulitos, algodão-doce, *popki* (açúcar caramelizado misturado com bicarbonato de sódio e achatado em um disco — que ganhou fama mundial graças à série coreana *Round 6*), brinquedos vagabundos e até pintinhos rejeitados pela indústria de ovos. Comprei um pintinho, certa vez, que logo morreu, partindo meu coração. A maioria morria.

A pupa do bicho-da-seda era um tira-gosto popular entre as crianças coreanas na década de 1970 por ser saborosa (embora eu particularmente não fosse muito fã) e barata. É um alimento rico em proteína e ferro, mas as escolas nos orientavam a não comprá-la dos vendedores de rua por motivos de higiene. O *bun-de-gi* era barato por ser "refugo" de uma grande indústria. A seda era um dos principais artigos de exportação coreanos na época e, como resultado, a indústria têxtil da seda descartava grande quantidade de pupas após o fio ser extraído do casulo.

A fabricação de tecido usando o bicho-da-seda começou na China por volta de 2500 a.C. e foi um monopólio chinês por dois milênios. Depois chegou à Coreia, à Índia e ao Império Bizantino, nessa ordem. Na Europa Ocidental, que demorou a desenvolver a sericicultura, a Itália foi o produtor de seda mais importante. Alguns leitores de mais idade talvez se lembrem da cena filmada em um galpão de criação do bicho-da-seda de *1900*, filme de Bernardo Bertolucci sobre a luta de classes na Lombardia rural e a ascensão do fascismo e do comunismo na Itália. Na cena, os jovens Olmo (filho de um arrendatário, cuja versão adulta era interpretada por Gérard Depardieu) e Alfredo (filho do proprietário das terras, Robert De Niro na versão adulta) conversam no galpão contra o incessante ruído de fundo dos bichos-da-seda mastigando folhas de amoreira nas prateleiras, um som coletivamente tão alto que parece uma chuva pesada caindo no telhado.

O maior produtor de seda dos tempos modernos, porém, era o Japão (cuja população, ao que parece, também comia as pupas). O país tinha uma longa história de fabricação do tecido desde que importou a criação do bicho-da-seda da Coreia no século VII, mas sua indústria da seda só se firmou nos primeiros anos após a Segunda Guerra Mundial. Na década de 1950, os japoneses eram os maiores exportadores mundiais de seda (tanto o fio como o tecido) e a seda era o principal artigo de exportação do país.

Os japoneses não estavam satisfeitos com isso. Queriam competir com os americanos e os europeus em aço, construção naval, automóveis, produtos químicos, eletrônicos e outras indústrias "avançadas". Entretanto, o país era tecnologicamente atrasado e incapaz de concorrer com fabricantes estrangeiros. Assim, o governo japonês adotou o protecionismo da indústria doméstica impondo tarifas de importação elevadas (que encareceram os produtos importados) e proibindo empresas estrangeiras de operar tais indústrias no Japão. E também ajudou as empresas nacionais desses setores, obrigando os bancos, rigidamente regulamentados, a canalizar o crédito para elas, em vez de se entregarem a atividades mais rentáveis como financiamentos de hipoteca, crédito ao consumidor ou (um pouco menos lucrativos) subsídios para indústrias mais estabelecidas, como a da seda.

Houve muita crítica a essas políticas, tanto fora como dentro do Japão. Seus detratores observaram que o país ficaria melhor se importasse apenas coisas como aço e automóveis e se concentrasse em produzir coisas como seda e outros artigos têxteis, nos quais era eficiente. Se os produtores ineficientes de, digamos, veículos de passageiro (como Toyota e Nissan) são protegidos com a taxação de carros estrangeiros, restará ao consumidor pagar mais do que o preço do mercado mundial para ter carros melhores vindos de fora ou continuar com os carros japoneses, inferiores e mais feiosos, observaram eles. Além disso, ao canalizar artificialmente o crédito para indústrias ineficientes, como a fabricação de automóveis, por meio de diretrizes do governo, acrescentaram, tira-se dinheiro de indústrias eficientes, como a da seda, que poderia utilizar a mesma quantidade de capital para obter uma produtividade bem maior.

Esse argumento está absolutamente correto — se partimos do pressuposto de que o país tem boa capacidade produtiva. Entretanto, a longo prazo, essa capacidade pode mudar e o país se tornar melhor em coisas nas quais no momento não é bom.

Isso não se dá do dia para a noite — exige investimentos em maquinário melhor, qualificação da mão de obra e pesquisa tecnológica —, mas pode acontecer. Aconteceu no Japão — nas indústrias automobilística, siderúrgica, eletrônica e muitas outras. Na década de 1950, ele simplesmente era incapaz de competir no mercado internacional dessas indústrias, mas na década de 1980 virou líder mundial em muitas delas. Leva-se pelo menos duas décadas para transformar de maneira significativa a capacidade produtiva de um país. Isso, por sua vez, indica que tal mudança não pode ocorrer sob condições de livre-comércio. Sob livre-comércio, os produtores ineficientes e imaturos em novas indústrias serão rapidamente eliminados pela competição superior de empresas estrangeiras maiores.

Proteger produtores imaturos em um país de economia atrasada na esperança de que melhorem é conhecido como o argumento da "indústria nascente". O termo sugere um paralelo entre o desenvolvimento econômico e o desenvolvimento de um bebê. Protegemos e nutrimos nossos filhos até crescerem e conseguirem competir com adultos no mercado de trabalho. O argumento dita que o governo de um país economicamente atrasado deveria proteger e nutrir suas jovens indústrias até elas desenvolverem sua capacidade como produtores e conseguirem competir com a concorrência estrangeira superior no mercado mundial.

A teoria da indústria nascente não é originária do Japão. Na verdade, foi criada nos Estados Unidos, por ninguém menos que o primeiro-ministro das finanças do país, Alexander Hamilton — é sua a efígie que vemos na nota de dez dólares e nos últimos tempos ele conheceu uma revivescência inesperada graças ao musical *Hamilton*, de Lin-Manuel Miranda. Hamilton argumentava que o governo americano deveria proteger "indústrias em sua infância" (palavras dele) contra a competição superior de ingleses e outros países da Europa, caso contrário a América nunca seria industrializada.

Há mais coisa nessa história: Hamilton se inspirou nas políticas protecionistas britânicas do século XVIII, em especial as criadas sob Robert Walpole, quando a Grã-Bretanha começou sua ascensão para a supremacia industrial global. Hamilton era muitas vezes acusado de ser um "walpoliano" e defender a centralização e o intervencionismo na economia por seus adversários adeptos do livre-comércio, como Thomas Jefferson, o primeiro secretário de Estado dos Estados Unidos e seu terceiro presidente (sob o qual foi realizada a Compra da Louisiana — ver "Quiabo").[6]

Contrariando suas atuais imagens públicas como pátrias do livre-comércio, a Grã-Bretanha e os Estados Unidos foram os países mais protecionistas do mundo nos primeiros estágios de seu desenvolvimento econômico. Eles só adotaram o livre-comércio após atingirem a supremacia industrial (ver também "Carne"). O mesmo vale para a maioria dos demais países ricos. A não ser pela Holanda e (até a Primeira Guerra Mundial) pela Suíça, todos os atuais países ricos — de Bélgica, Suécia e Alemanha no fim do século XIX a França, Finlândia, Japão, Coreia e Taiwan no fim do século XX — usaram a proteção da indústria nascente por períodos consideráveis a fim de promover a industrialização e o desenvolvimento econômico.

Isso tudo não significa dizer que a proteção da indústria nascente é uma garantia de sucesso econômico. Como no caso dos filhos, as indústrias nascentes podem falhar em "amadurecer" se cometermos equívocos na maneira como são criadas. Em muitos países em desenvolvimento nas décadas de 1960 e 1970, a proteção foi excessiva, tornando os produtores domésticos complacentes, e não se reduziu com o tempo, deixando dessa forma de proporcionar incentivos para melhorarem sua produtividade. Os países que usaram mais habilmente sua proteção de indústria nascente, como o Japão e a Coreia, tentaram evitar esse tipo de situação reduzindo aos poucos o protecionismo, do mesmo modo que os pais precisam gradualmente reduzir a proteção e exigir mais responsabilidade dos filhos à medida que crescem.

Sem a proteção da indústria nascente, todos esses países que um dia foram camarões econômicos — como a Grã-Bretanha no século XVIII, os Estados Unidos, a Alemanha e a Suécia no século XIX ou o Japão, a Finlândia e a Coreia no século XX — nunca teriam sido capazes de se transformar nos peixes grandes da atual economia mundial.

6
Macarrão

> *Macarrão de forno com berinjela (italiano;
> minha adaptação do* Timballo alle melanzane,
> *de Claudia Roden)*
> *Penne, berinjela e molho de tomate (tomate,
> manjericão e alho), coberto com três queijos
> (muçarela, ricota, parmesão) e assado*

SEGUNDO A ASSOCIAÇÃO MUNDIAL DE MACARRÃO INSTANTÂNEO (sim, essa entidade existe), os sul-coreanos são os maiores consumidores mundiais de macarrão instantâneo, consumindo 79,7 porções per capita ao ano, seguidos dos vietnamitas (72,2) e, de longe, pelos nepaleses (53,3).[1] Considerando que somos apenas cerca de 51 milhões de pessoas, isso dá cerca de 4,1 bilhões de porções de macarrão instantâneo por ano. É macarrão demais.

A maior parte disso é composta de um macarrão encaracolado e glutinoso conhecido como *ra-myun* (ou *ramen*, em japonês). Os macarrões instantâneos coreanos, em sua maioria, são consumidos em caldos feitos com a sopa em pó contida no pacote, indo de moderadamente picantes a perigosamente apimentados, embora existam variedades servidas fritas ou com molho (em geral, mas não necessariamente, apimentado).

E isso só para mencionar o instantâneo. Temos uma infinidade de outros tipos de macarrão.

Primeiro, há o macarrão comum à base de trigo. Temos o macarrão fino e macio (*somyun*), o grosso e macio (*kal-guksu*)* e o grosso e um pouco glutinoso (*garak-guksu*, similar ao *udon* japonês). Todos eles tendem a ser servidos em caldos que não são picantes (só para variar!), mas o *somyun* também é preparado com verduras e legumes (e às vezes carne) e vários tipos de molho (uns apimentados, outros não).

Acrescente amido extra ao macarrão de trigo, passe-o pela máquina extrusora sob temperatura e pressão elevadas e o resultado é o macarrão mais glutinoso do mundo — o *chol-myun*. Ele é consumido com um molho de pimenta muito picante, adocicado e avinagrado, e misturado com verduras e legumes. A combinação da textura glutinosa ao extremo e do molho picante a ponto de tirar lágrimas faz da experiência de comer *chol-myun* o equivalente gastronômico de um triatlo — terrivelmente difícil, mas intensamente gratificante.

Misture carbonato de sódio (Na_2CO_3) à massa de trigo e você obtém um macarrão alcalino ainda mais glutinoso. Esse tipo de macarrão é o mais popular da Coreia. O *ra-myun* é um macarrão alcalino. E depois há o *chajang-myun* (ou *jajang-myun*). O *chajang-myun* é uma massa "chinesa" inventada na Coreia, assim como o *chicken tikka masala* é um prato "indiano" inventado no Reino Unido. Ele

---

* *Kal-guksu* significa literalmente "macarrão-faca", pois é feito cortando-se a massa, não passando-a por uma máquina, como é o caso da maioria das outras massas.

é feito com um macarrão grosso, glutinoso e alcalino e servido com molho de carne de porco, cebola e outras hortaliças (batata, abobrinha ou repolho, ao gosto do freguês), e frito em uma pasta de soja preta fermentada (*chunjang*). Se você aprecia melodramas coreanos, decerto já o viu: é aquele macarrão com molho cor de café que os personagens dos *K-dramas* parecem comer a toda hora e em qualquer lugar — nos restaurantes, no escritório, em casa (delivery — pouca gente o prepara em casa) e até em salas de interrogatório policial.* Estima-se que os sul-coreanos consomem a quantidade impressionante de 1,5 milhão de porções diárias de *chajang-myun*.[2]

Outro item popular é o macarrão de trigo-sarraceno (*mémil*), produzido em duas variedades. Há o macio, similar ao *soba* japonês, que é chamado, de maneira muito imaginativa, de *mémil-guksu* (macarrão de trigo-sarraceno). O outro tipo, mais grosso e glutinoso, é conhecido como *Pyeongyang naeng-myun guksu* (ao pé da letra, "macarrão para o macarrão frio de Pyongyang"). Ele tem esse nome estranho por ser usado quase exclusivamente no preparo de *Pyeongyang naeng-myun*, a sopa fria de macarrão feita com caldo de carne (ou de faisão, à moda original de Pyongyang — a capital da Coreia do Norte) e temperado com vinagre e mostarda. Às vezes é acrescentada bolota (*dotori*) ou araruta (*chik*) à farinha de trigo-sarraceno para encorpá-la e lhe dar um sabor mais terroso.

Os coreanos também fazem macarrão com vários tipos de amido no lugar da farinha.** O mais eminente nessa categoria é o *dang-myun*, um macarrão transparente feito com amido de batata-doce. A pala-

---

* Assim, o *chajang-myun* é a resposta coreana à pizza — uma solução para quem deseja fazer uma refeição rápida, mas substanciosa.

** Amido é o carboidrato puro extraído da matéria vegetal e processado. A farinha é composta de grãos moídos até virarem pó. Hoje em dia a palavra "farinha" também é usada para se referir a qualquer matéria vegetal em pó, como a "farinha de amêndoa" e a "farinha de araruta".

vra significa literalmente "macarrão chinês", sendo *dang** o prefixo em coreano que denota a origem chinesa. A versão chinesa original é feita com amido de feijão-mungo (mais conhecido na forma de broto, ou moyashi), mas os coreanos preferem amido de batata-doce (os chineses também o utilizam). O *dang-myun* também é feito com amido de mandioca, milho doce e batata. Os japoneses usam amido de batata para fazer seu macarrão transparente, chamado, com um toque poético, de *harusame* ("chuva de primavera"). O uso mais proeminente do *dang-myun* na cozinha coreana se dá no *japchae* (macarrão transparente coreano frito com juliana de legumes — ver "Cenoura"). Ele também é usado no *mandu* (pasteizinhos recheados), na *sundae* (morcela coreana) e em alguns guisados, para engrossar o caldo (pois é barato e satisfaz) e proporcionar uma textura glutinosa à preparação.

Curiosamente, não existe macarrão coreano tradicional feito de arroz, embora este seja o cereal mais consumido no país — talvez o arroz fosse precioso demais para ser "desperdiçado" no macarrão. Mas estamos compensando com rapidez o tempo perdido. Hoje em dia o sul-coreano parece não enjoar de macarrão de arroz, haja vista a popularidade cada vez maior do *pho*, a sopa de macarrão de arroz vietnamita, e do *pad Thai*, o macarrão de arroz tailandês frito.

Da mesma forma que usa qualquer hortaliça para fazer *kimchi* (ver "Alho"), o coreano transforma praticamente qualquer cereal rico em carboidratos e qualquer tubérculo em *guksu* — trigo, trigo-sarraceno, batata-doce, batata, milho doce, mandioca, bolota, araruta, arroz e, em tempos mais recentes, cevada. Mas, em termos de formato, o macarrão coreano é produzido basicamente em apenas duas variedades — fitas e fios.

---

*   A palavra deriva de "Tang", nome da dinastia que dominou a China entre 618 e 907. Muitos consideram o Império Tang a idade de ouro da China feudal.

Assim, imagine qual não foi minha surpresa quando descobri, nas primeiras vezes em que viajei à Itália no fim da década de 1980, que espaguete e macarrão (ou *maccheroni*, como é chamado em italiano) não são os únicos tipos de massa (ou *pasta*, como eles dizem) consumidos por lá. Um choque particular foi o prato de *orzo* (ou *risoni*) que me serviram em uma escola de verão na Itália em que fiz minha pós-graduação. *Orzo/risoni* é um formato de massa parecido com um pequeno grão — o nome significa literalmente cevada ou arroz —, às vezes servido em um caldo quente e claro. Quando o prato chegou, achei que fosse arroz servido na sopa, pois é muito comum na Coreia pôr seu arroz na sopa quente (clara ou de outro tipo) e comer tudo junto. Achei difícil acreditar quando me contaram que aquilo era um prato de "macarrão".

Na Itália, basicamente apenas uma fonte de carboidrato — o trigo — é usada para a produção da massa (ver "Bolota", porém). No entanto, mais de duzentos tipos de massa foram criados mediante variações de formato. Claro que, assim como na Coreia e no resto do mundo, há massas na forma de fios e de fitas. Mas existem também as que são feitas no formato de tubos, anéis, parafusos, borboletas, orelhas humanas, conchinhas, grãos, bolas, pasteizinhos recheados, lâminas e outras formas menos conhecidas (aparentemente — não experimentei —, rodas de carroça, folhas de oliveira, piões e até radiadores).*

A obsessão italiana com os formatos de massa é tanta que no início da década de 1980 a Voiello, marca premium da Barilla, a maior

---

* As massas no formato de fio incluem espaguete, *bucatini, linguine, capelli d'angelo* (cabelos de anjo) e *vermicelli* (vermezinhos), enquanto as variedades em forma de fita incluem *fettuccine, pappardelle* e *tagliatelle*. *Penne, rigatoni* e *maccheroni* são tubos de diâmetro e comprimento variados. As em forma de anéis incluem *anellini*, enquanto *fusilli, trofie* e *gemelli* são em parafuso. *Farfalle* (borboleta), *orecchiette* (orelha), *conchiglie* (conchinha), *orzo/risoni* (grão) e *fregola* (bola) também são formatos comuns. As lâminas são usadas na lasanha, e entre os pasteizinhos recheados há ravióli, *tortellini* e *mezzelune* (meia-lua).

fabricante mundial de massas, encomendou ao famoso designer industrial Giorgetto Giugiaro um formato de massa supremo, capaz de reter bem o molho sem absorvê-lo demais, além de ser decorativo e até "arquitetônico" (eram os tempos da nouvelle cuisine).[3]

Giugiaro literalmente "projetou" um formato de massa elegante e futurista composto de um tubo combinado a uma onda. O formato foi chamado de Marille e lançado com grande pompa em 1983. Infelizmente, revelou-se um fracasso retumbante. A produção era limitada e a distribuição, ruim, de modo que ele era difícil de encontrar. Para piorar, o formato complexo dificultava o cozimento homogêneo.[4] Tendo em vista a paixão italiana pela massa al dente, um macarrão cozido de maneira desigual era um pecado (quase) capital.

Giugiaro, é óbvio, não perdeu o sono com o fracasso do Marille. Ele foi o projetista automobilístico mais bem-sucedido e influente do mundo no último meio século. Projetou mais de uma centena de carros para praticamente todos os fabricantes automotivos de reputação internacional (General Motors, Mercedes-Benz e Nissan são as únicas exceções) — desde clássicos confiáveis, como o Golf, da Volkswagen, e o Fiat Panda, a carros de luxo icônicos, como o Maserati Ghibli e o Lotus Esprit. A julgar por suas declarações, Giugiaro considera o fiasco do Marille um interlúdio divertido em sua carreira estupenda. Em uma entrevista de 1991, ele afirmou: "Devo a popularização de minha fama a essa massa, apareci até na *Newsweek*, não é engraçado?".[5]

Pouca gente sabe que um dos primeiros carros projetados por esse renomado engenheiro de uma nação obcecada por macarrão, a Itália, foi o Pony, um veículo *hatch*, lançado em 1975 pela Hyundai Motor Company (HMC), na época uma fabricante automotiva completamente desconhecida de outra nação obcecada por macarrão, a Coreia do Sul.

A Hyundai Motor Company fazia parte do grupo Hyundai, fundado no fim da década de 1940 pelo legendário empresário coreano Chung Ju-yung. O negócio principal do grupo era originalmente a construção, mas no fim da década de 1960 ele passou a atuar em indústrias de maior produtividade. Os automóveis foram a primeira tentativa nesse sentido.* A HMC foi estabelecida como uma joint venture com a Ford e funcionava como montadora do Cortina, um carro desenvolvido pela Ford inglesa, usando na maior parte peças importadas. Nos três primeiros anos de operação (a partir de novembro de 1968), ela conseguiu montar apenas pouco mais de 8 mil unidades do Cortina, ou seja, menos de 3 mil carros por ano.[6]

Em 1973, a HMC anunciou que iria se separar da Ford e produzir seu próprio carro projetado no país — o Pony. No primeiro ano completo de fabricação (1976), a HMC produziu apenas cerca de 10 mil unidades — 0,5% do que a Ford produziu e 0,2% do que a GM produziu nesse ano.[7] Quando o Equador importou carros da Hyundai em junho de 1976, a nação coreana ficou em júbilo. O fato de o Equador ter adquirido apenas cinco Ponys e um ônibus da Hyundai mal foi mencionado e, quando isso aconteceu, foi considerado um detalhe menor; o importante era que estrangeiros quisessem comprar carros coreanos — um povo famoso pela produção de perucas, roupas costuradas à mão, bichos de pelúcia e tênis, ou seja, coisas que requerem mão de obra barata.

A despeito desse início bem pouco promissor, a Hyundai cresceu a um ritmo espetacular nos anos seguintes. Em 1986, fez uma entrada triunfal no mercado americano com seu modelo Excel (uma versão

---

* O grupo Hyundai a seguir diversificou suas atividades para cimento, engenharia, construção naval, aço, eletrônicos, transporte marítimo, elevadores, refino de petróleo, semicondutores e muitas outras indústrias de alta produtividade e alta tecnologia.

modernizada do Pony), batizado com o nome de um dos dez produtos mais notáveis do ano, segundo a revista de negócios *Fortune*. Em 1991, passou a ser uma das poucas fabricantes automotivas do mundo a projetar seus próprios motores; na virada do século XXI, se tornou uma das dez maiores fabricantes automotivas do mundo. Em 2009, a Hyundai (oficialmente chamada Hyundai-Kia na época, após adquirir sua rival doméstica menor, a Kia, em 1998) produziu mais carros do que a Ford. Em 2015, mais automóveis com a marca Hyundai ou Kia deixaram as linhas de produção do que automóveis com a marca GM.[8]

É uma história notável. Se você tivesse uma máquina do tempo e voltasse a 1976 para contar às pessoas que uma fábrica de carros totalmente desconhecida — na verdade, pouco mais do que uma oficina mecânica incrementada — de um país pobre em desenvolvimento chamado Coreia do Sul, com uma renda per capita inferior a dois terços da equatoriana,[9] seria maior do que a Ford em apenas trinta anos e produziria mais carros do que a GM em menos de quarenta, terminaria internado num hospício.

Como isso foi possível? Quando as pessoas ouvem falar dessa incrível história de sucesso corporativo, pensam de imediato no empreendedor visionário por trás dela — alguém como Bill Gates, Steve Jobs, Jeff Bezos, Elon Musk e por aí vai.

E, de fato, na raiz do sucesso da Hyundai houve não um, mas dois visionários — Chung Ju-yung, o fundador do grupo Hyundai, e seu irmão mais novo, Chung Se-yung, que chefiou a HMC entre 1967 e 1997 (seu papel no lançamento do Pony foi tão crucial que ele ganhou o apelido de Pony Chung). Quando praticamente ninguém acreditava haver a menor chance de que a HMC sobreviveria à concorrência internacional, muito menos que se tornaria um dos cachorros grandes da indústria, os irmãos Chung trabalharam com a visão ambiciosa de criar uma empresa capaz de um dia competir em âmbito global, simbolizada em sua decisão de encomendar a um dos principais designers de automóveis do mundo, Giugiaro, o projeto de seu primeiro carro. Eles investiram o dinheiro obtido com outras partes mais estabelecidas (e rentáveis) da Hyundai para sustentar o que era de início uma empresa deficitária, transferindo recursos de outras áreas de dentro do mesmo grupo.

Mas, por mais importantes que esses líderes corporativos possam ter sido, um olhar mais detido à história de sucesso da HMC mostra que ela não é apenas — ou nem mesmo principalmente — resultado do brilho individual de empreendedores heroicos.

Para começar, havia operários da linha de produção, engenheiros, cientistas de pesquisa e gerentes na HMC que cumpriam longas jornadas de trabalho, dominando tecnologias avançadas importadas, realizando melhorias nas tecnologias adquiridas e por fim desenvolvendo seu próprio sistema produtivo e suas tecnologias para se equiparar às principais fábricas automotivas do mundo, como Volkswagen e Toyota. Sem uma força de trabalho dedicada e capaz, a visão corporativa, por melhor que seja, não passa disso — uma visão.

E, além disso, havia o governo coreano, que ensejou o espaço para a Hyundai e outras fabricantes "crescerem" proibindo a importação de qualquer automóvel até 1998 e a importação de automóveis japoneses até 1998 (com base na lógica da "proteção à indústria nascente", que também foi aplicada a outras indústrias "estratégicas" — ver "Camarão"). Claro que, como resultado disso, o consumidor coreano teve de se contentar com veículos domésticos inferiores por décadas, mas, sem essa medida protecionista, as fábricas automotivas coreanas não teriam sobrevivido e prosperado. Até o início da década de 1990, o governo coreano garantiu o acesso da HMC e de outras empresas em indústrias de ponta estratégicas, em especial aquelas voltadas à exportação, a créditos altamente subsidiados. Isso foi conseguido mediante rígidas regulamentações bancárias, com a obrigatoriedade de priorização do crédito para empresas produtivas (em lugar do financiamento hipotecário ou do crédito ao consumidor) e a estatização do setor bancário (ver "Bolota").*

Mas a política do governo nem sempre foi orientada no sentido de auxiliar. Na verdade, a HMC decidiu projetar seu próprio modelo devido a um programa governamental destinado a incentivar a produção doméstica no setor automotivo. Em 1973, o governo ameaçou revogar a licença da HMC e de outras fabricantes de veículos, a menos que produzissem seus próprios modelos. Valendo-se desse poder regulatório e financeiro, ele também impôs uma pressão explícita e implícita à HMC e a outras companhias (tanto estrangeiras quanto nacionais) para aumentar o "conteúdo local" de seus produtos — ou seja, a proporção de peças fabricadas no país — de forma que indústrias domésticas de peças automotivas pudessem se desenvolver (ver também "Banana").

Mas, talvez você se pergunte, a história da Hyundai não seria uma exceção em um mundo de bravos empreendedores? A resposta é não.

Para começar, há muitas outras empresas coreanas tão bem-sucedidas quanto a Hyundai, como Samsung (do refino de açúcar e da área têxtil à liderança mundial em semicondutores e celulares) ou LG (de cosméticos e pasta de dente ao primeiro lugar no mercado mundial de monitores).

---

* Todos os bancos do país eram estatizados entre 1961 e 1983, e muitos deles continuaram nas mãos do governo até o início da década de 1990. Mesmo atualmente continuam a existir bancos estatais importantes, como o Banco de Desenvolvimento da Coreia (especializado em crédito de longo prazo em larga escala), o Banco de Exportações-Importações (especializado em crédito ao comércio) e o Banco Industrial da Coreia (especializado em empréstimos à pequena e à média empresa).

O desenvolvimento de muitas dessas multinacionais japonesas das quais você ouve falar também seguiu trajetória similar. A Toyota, de uma simples fábrica de máquinas têxteis, acabou por se transformar na maior fabricante automotiva do mundo, enquanto a Mitsubishi começou como uma companhia de transporte marítimo e se tornou uma multinacional abrangendo um imenso leque de indústrias, de construção naval e usinas nucleares a eletrônicos e carros. Todas elas realizaram essa transformação mediante uma combinação de brilho individual, esforços corporativos, transferências de recursos entre as áreas de um mesmo grupo, apoio do governo e sacrifício no comportamento do consumidor.

A Nokia, gigante industrial finlandesa, foi de fábrica de papel à liderança mundial na telefonia celular, e hoje é uma das grandes potências na área de hardware e software de redes graças a uma fórmula similar. Sua divisão de eletrônicos, criada em 1960, só deu lucro em 1977, e teve de ser subsidiada por outras empresas mais bem estabelecidas do grupo Nokia (papel, galochas, cabos elétricos) ao mesmo tempo que desfrutava de proteção comercial, restrições aos investimentos estrangeiros e a preferência em "aquisições públicas" (compra de bens e serviços pelo governo).

Tampouco os Estados Unidos — país que tanto se orgulha de seu sistema de "livre-iniciativa" e vive exaltando seus heroicos empreendedores — constituem de fato uma exceção à natureza coletiva do empreendedorismo moderno. São o país que inventou a teoria da "proteção à indústria nascente" e erigiu uma muralha protecionista para dar espaço de crescimento a suas jovens empresas, a salvo de produtores estrangeiros superiores, em especial a Grã-Bretanha, no século XIX e no início do século XX (ver "Camarão").[10] Mais importante para nossa discussão aqui, encontra-se a ajuda do governo americano em desenvolver tecnologias básicas por meio do financiamento público ao longo do período pós-Segunda Guerra Mundial.

Algo fundamental para suas corporações. Por meio dos Institutos Nacionais de Saúde, o governo americano conduziu e subsidiou a pesquisa em farmacologia e bioengenharia. O computador, o semicondutor, a internet, o sistema de GPS, a tela sensível ao toque e muitas outras tecnologias fundamentais da era da informação foram desenvolvidos a princípio por programas de "pesquisa em defesa" do Pentágono e dos militares americanos.[11] Sem tais tecnologias, não teriam surgido IBM, Intel, Apple nem Vale do Silício.

A visão individualista de empreendedorismo e sucesso corporativo, um mito central na atual economia dominada pelo livre mercado, talvez fizesse algum sentido nos primórdios do capitalismo, quando a escala da produção era pequena e as tecnologias eram simples. Nesse ambiente, empreendedores individuais brilhantes podiam fazer uma imensa diferença, embora mesmo nessa época o sucesso corporativo exigisse mais do que apenas brilho individual. Desde o fim do século XIX, com a produção em larga escala, as tecnologias complexas e os mercados globais, o sucesso corporativo resulta antes do esforço coletivo que individual, envolvendo não apenas líderes corporativos, mas também trabalhadores, engenheiros, cientistas, gerentes, legisladores e até consumidores.

Como mostra a história entrelaçada de duas nações obcecadas pelo macarrão, a Coreia e a Itália, na economia moderna o empreendedorismo não é mais uma conquista individual, e sim coletiva.

7
Cenoura

> *Bolo de cenoura*
> *Bolo feito com cenoura, especiarias*
> *e frutos oleaginosos*

QUANDO ESTIVE NA GRÃ-BRETANHA pela primeira vez, uma das (muitas) coisas que estranhei foi o bolo de cenoura. A cenoura servia para acompanhar o repolho-chinês no preparo do *kimchi*, cozinhar com cebola e batata e fazer um *karé* (curry) ao estilo japonês, fritar com outros legumes em um *japchae** ou pôr na salada. *Nunca* para fazer doces.

Hoje o bolo de cenoura é uma de minhas sobremesas favoritas, mas, no começo, estava mais para, sei lá, o que o *crumble* de couve-de-bruxelas é para um britânico ou a torta de brócolis para um americano: tudo menos comida.

---

* Macarrão transparente coreano, ou *dangmyun*, frito com juliana de legumes e, conforme o gosto, carne. Ver "Macarrão".

Mas, pensando bem, a divisão entre sabores salgados e doces está mais para algo específico de cada cultura. A maioria das pessoas consome abacate como um prato salgado, mas no Brasil ele muitas vezes é consumido como sobremesa, com açúcar. Quase toda cozinha considera o tomate um ingrediente de pratos salgados, embora, em minha juventude, na Coreia, ele ocupasse mais o lado doce do espectro. Ele era consumido como fruta (o que na verdade é, em termos botânicos), com um pouco de açúcar, se não estivesse doce o suficiente (em geral não estava). Sobretudo a geração mais velha chamava o tomate de "caqui anual" devido a sua leve semelhança com a fruta do caquizeiro e ao fato de seu cultivo cumprir um ciclo anual. Mesmo após vários anos morando no Reino Unido, onde o tomate sem a menor dúvida era salgado, ainda me surpreendi de ver um (ótimo) filme americano de 1991 chamado *Tomates verdes fritos*. Ninguém fritaria caqui, não é?

Em sua origem, a cenoura, que vem da Ásia Central (muito provavelmente do atual Afeganistão), era branca. As variedades roxa e amarela foram desenvolvidas mais tarde. A hoje dominante variedade alaranjada foi desenvolvida na Holanda apenas no século XVII.

Muitos acreditam que os holandeses promoveram a nova variedade por associá-la a Guilherme de Orange (Willem van Oranje, em holandês) ou Guilherme, o Taciturno (Willem de Zwijger, em holandês), líder da revolta contra a dominação espanhola de seu país no século XVI. Creio que isso faria da cenoura o legume mais politizado da história. Infelizmente, fatos costumam atrapalhar uma boa história: não parece haver base para essa alegação.[1]

Esquecendo a política do Império Habsburgo e dos Países Baixos, o desenvolvimento da cenoura cor de laranja foi genuinamente significativo em termos nutricionais. A cor alaranjada vem do betacaroteno, que, quando ingerido, é transformado pelo corpo em vitamina A. Esta é essencial para manter nossa pele, nosso sistema imune e, sobretudo, nossos olhos em boas condições, de modo que a cenoura dessa cor representou um benefício nutricional extra em relação a sua ancestral branca. Como é o caso da maioria das vitaminas, a vitamina A é tóxica se ingerida em grande quantidade. Isso é conhecido como hipervitaminose A, que pode causar letargia, visão turva, dores ósseas e, em casos extremos, descamação (que nojo!). Para seu horror, alguns dos primeiros exploradores europeus do polo Norte fizeram essa descoberta quando comeram fígado de foca — riquíssimo em vitamina A — ou de urso-polar, cuja dieta é composta sobretudo de focas.

O betacaroteno é uma fonte segura de vitamina A, por não apresentar o risco de causar hipervitaminose, pois o corpo regula a quantidade desse pigmento que é convertida na vitamina. Explorando esse fato, em 2000, um grupo de cientistas liderados pelo suíço Ingo Potrykus e pelo alemão Peter Beyer transplantou dois genes capazes de fazer a biossíntese do betacaroteno (um do milho e outro de uma bactéria comum do solo) para o arroz e criou o arroz dourado. O arroz dourado é rico em vitamina A, ao contrário do arroz comum, e sua cor amarela brilhante se deve à presença do betacaroteno.[2]

O arroz é um alimento muito nutritivo, capaz de sustentar mais pessoas do que o trigo numa área equivalente, mas pobre em vitamina A. Pessoas pobres em países asiáticos e africanos que consomem sobretudo arroz sofrem de deficiência de vitamina A. Estima-se que o problema é responsável, anualmente, por mais de 2 milhões de óbitos, meio milhão de casos de cegueira e milhões de casos de xeroftalmia, uma doença ocular debilitante. O arroz dourado poderia salvar a vida de milhões de pessoas, bem como poupá-las de doenças incapacitantes.

Pouco após a criação do arroz dourado, Potrykus e Beyer venderam a tecnologia para a Syngenta, uma multinacional de agronegócio e biotecnologia. A própria Syngenta, sediada na cidade suíça da Basileia, é um equivalente corporativo dessa engenharia genética — é produto de uma série de fusões e aquisições que remontam a 1970, envolvendo três empresas farmacêuticas suíças (Ciba, Geigy e Sandoz), a gigante química britânica Imperial Chemical Industries (ICI), a empresa farmacêutica sueca Astra e a estatal química chinesa ChemChina.* A Syngenta já desfrutava de uma reivindicação parcial legítima sobre a tecnologia devido a seu financiamento indireto da pesquisa por meio da União Europeia, mas adquiriu os direitos junto aos cientistas e obteve completo controle do arroz dourado. Os dois cientistas, para seu crédito, negociaram exaustivamente com a Syngenta para permitir que os agricultores pobres nos países em desenvolvimento pudessem utilizar a tecnologia de forma gratuita.

Mesmo assim, alguns acharam inaceitável a venda de uma tecnologia de "propósito público" tão valiosa como o arroz dourado para uma empresa voltada ao lucro. Os cientistas defenderam sua decisão argumentando que teriam de ter negociado licenças para mais de setenta tecnologias patenteadas, envolvendo 32 proprietários diferentes, se quisessem comercializar o arroz dourado por conta própria. Eles explicaram que simplesmente não tinham a capacidade de negociar e pagar pelo licenciamento de tantas patentes. Críticos

---

* A Ciba e a Geigy foram fundidas para formar a Ciba-Geigy em 1970. A Ciba-Geigy foi fundida à Sandoz em 1996 para formar a Novartis. Em 1993, os negócios farmacêuticos e agroquímicos da ICI foram separados para formar a Zeneca, que depois foi fundida à Astra para formar a AstraZeneca (conhecida pela vacina contra a covid-19) em 1999. O que restou da ICI foi adquirido pela empresa química holandesa AkzoNobel em 2008. Em 2000, a Novartis e a AstraZeneca concordaram em fundir suas operações agroindustriais, formando a Syngenta. Mais tarde, em 2016, a Syngenta foi adquirida pela China National Chemical Corporation, ou ChemChina.

responderam que na verdade havia cerca de trinta patentes cruciais que precisariam ser licenciadas.

Isso, porém, não muda nada — continuavam sendo patentes demais para dois cientistas individuais lidarem com o problema. Infelizmente, a despeito de a questão das patentes ter sido resolvida por uma grande corporação multinacional, o arroz dourado, após duas décadas, ainda aguarda um lançamento amplo devido às controvérsias envolvendo organismos geneticamente modificados (OGM) em geral. Mas essa é outra história.

A patente é uma concessão pública de monopólio para o inventor de uma nova tecnologia por um período fixo em troca de que revele a tecnologia (ou seja, torne-a "patente", isto é, óbvia). Patentes são uma faca de dois gumes em termos de suas consequências para o progresso do conhecimento. Encorajam a criação de novos conhecimentos garantindo aos inventores de ideias (suficientemente) novas que eles obterão o direito de monopolizar o uso delas por determinado período (hoje em dia, vinte anos, mas antes era bem menor — mais sobre isso adiante), permitindo-lhes cobrar o preço que o mercado aceitar, sem medo de concorrência. Entretanto, elas desencorajam a criação de novos conhecimentos na medida em que tornam impossível para outras pessoas usar a tecnologia durante a vigência do monopólio.

O problema é que o insumo mais importante na produção de conhecimento é conhecimento, de forma que, se muitos aspectos do conhecimento relevante forem patenteados, isso encarece o desenvolvimento de novos conhecimentos, como no caso do arroz dourado. É o que chamo de dilema das "patentes entrelaçadas", também denominado "matagal de patentes" pelo eminente economista Joseph Stiglitz.[3]

O problema do entrelaçamento de patentes não é novo. Ele paralisou o progresso tecnológico na indústria de máquinas de costura em meados do século XIX. Na época, todo mundo processava todo mundo na indústria por infração de patente, uma vez que suas tecnologias eram muito parecidas, impedindo assim o progresso tecnológico. A solução para o impasse foi encontrada em um "pool de patentes" de 1856, em que as empresas do setor concordaram em compartilhar as patentes de todas as tecnologias principais e se concentrar em desenvolver novas tecnologias; isso ficou conhecido como a "Combinação da Máquina de Costura" (Sewing Machine Combination). Desde então houve muitos exemplos de pools de patentes criados pelas indústrias relevantes — como as de DVDS (MPEG-2 ou Moving Picture Expert Group-2) e celulares (RFID ou Radio Frequency Identification).

Às vezes o governo, sobretudo dos Estados Unidos (tido como o supremo defensor dos direitos sobre patentes), intervém para criar um pool de patentes. Em 1917, durante os preparativos para ingressar na Primeira Guerra Mundial, em que o poderio aéreo começou a ganhar importância, o governo americano "recomendou" (leia-se impingiu) um pool de patentes à indústria aeronáutica, incluindo as duas maiores fabricantes de aviões na época, a Wright Company (fundada pelos irmãos Wright) e a Curtiss. Na década de 1960, a Marinha americana, que na verdade financiara quase todas as primeiras pesquisas sobre semicondutores, impôs um pool de patentes à Texas Instruments e à Fairchild, então os principais fabricantes desses materiais.

O entrelaçamento de patentes piorou muito em tempos recentes, à medida que cada vez mais frações de conhecimento, chegando ao nível genético, são patenteadas, como vimos no caso do arroz dourado (mais de setenta patentes contidas em um grão de arroz!). Hoje precisamos de um exército avançado de advogados para abrir uma trilha nesse mato, caso queiramos que cientistas obtenham progressos tecnológicos significativos. Assim, o sistema de patentes, outrora um poderoso estímulo à inovação tecnológica, está se transformando em um grande obstáculo a ela. É preciso reformá-lo.

***

Uma forma de aprimorar o atual sistema seria abreviar a vigência de todas as patentes. Quando foram desenvolvidas na Europa, no fim do século XVIII, elas em geral duravam catorze anos (o dobro de um período de aprendizado, na época). Hoje em dia, a proteção das patentes dura vinte anos, com a indústria farmacêutica podendo obter até oito anos de proteção adicional com base no tempo a mais exigido para realizar ensaios clínicos e na necessidade de salvaguardar os dados desses ensaios. Nenhuma teoria econômica afirma que vinte (ou 28) anos é a duração ideal de proteção. Tampouco há teorias afirmando que vinte anos é melhor do que catorze ou, sei lá, dez anos. Se encurtarmos a vigência das patentes, o conhecimento será liberado para domínio público com mais rapidez, cegando a lâmina dessa faca de dois gumes que atrapalha a inovação.

Outra maneira de tornar o sistema de patentes menos obstrutivo ao progresso do conhecimento é usar o sistema de prêmios, em que o inventor da tecnologia recebe uma gratificação única (proporcional a sua utilidade estimada), de modo que a tecnologia entra em domínio público tão logo é inventada. O sistema de prêmios foi empregado com bons resultados no passado para produzir alguns dos inventos mais importantes da história humana. A invenção do cronômetro marítimo por John Harrison, na década de 1760, que possibilitou calcular a longitude no oceano, ensejando uma navegação mais precisa, foi em parte uma resposta à premiação de 20 mil libras oferecida pelo Parlamento britânico em 1714.[4] Em 1809, Nicolas Appert, um confeiteiro e cervejeiro francês, criou a tecnologia de conservação de alimentos (usando potes de vidro, não latas, as quais só apareceriam mais tarde; sobre enlatados, ver "Carne"), em resposta ao prêmio prometido por Napoleão, que queria alimentar de maneira adequada seu exército — "um exército marcha com a barriga", ele teria dito (embora o mais provável é que a frase tenha sido proferida por Frederico, o Grande, rei da Prússia).

Em áreas de rápido progresso tecnológico, o sistema de prêmios pode na verdade ser mais rentável (e, assim, proporcionar maior incentivo à inovação) para o inventor, uma vez que ele não precisa se preocupar com o desenvolvimento de uma tecnologia melhor que torne a sua obsoleta e destrua seu mercado — nesse caso, mesmo que ele ainda detenha o monopólio da patente sobre sua tecnologia, o monopólio de nada continua sendo nada.

Também poderia haver um acordo internacional para obrigar os detentores de patentes a licenciar suas tecnologias a preços reduzidos se elas forem consideradas necessárias para o desenvolvimento de tecnologias de interesse público. No caso do arroz dourado, a Syngenta voluntariamente suspendeu seu interesse comercial no produto logo após adquirir a tecnologia, em 2001. Enquanto escrevo este capítulo, no outono de 2021, há um debate em curso para decidir se as empresas farmacêuticas deveriam ser obrigadas a conceder licenças a países em desenvolvimento para suas vacinas e tratamentos patenteados da covid-19 a preços reduzidos — ou até gratuitamente. De maneira similar, diante da crise climática, devemos fazer o mesmo com a energia verde e outras tecnologias úteis para nos adaptarmos às mudanças climáticas (como a dessalinização da água do mar). Os países em desenvolvimento não têm capacidade de desenvolver essas tecnologias, pelo menos não no tempo que nos resta (ver "Limão").

Como qualquer instituição, empregamos o sistema de patentes porque seus benefícios são maiores do que seus custos. Quando esse não for mais o caso, devemos modificar a instituição, por mais chocante que a forma modificada possa parecer no início. Afinal, só comemos cenoura cor de laranja hoje em dia porque um holandês no século XVII teve a ridícula ideia de que cenouras podiam ser laranja.

III
Melhor desempenho global

8
Carne

> *Chilli con carne (mexicano)*
> *Carne moída (ou peru ou algum outro substituto) cozida com tomate, pimenta, feijão roxo e chocolate*

QUAL É A MELHOR SELEÇÃO DE FUTEBOL DO MUNDO?

Muita gente provavelmente diria o Brasil, pois foi o país que mais venceu a Copa do Mundo — cinco vezes. Mas e a Itália? Os italianos ganharam a Copa do Mundo *só* quatro vezes, mas sua população é menos de um terço da brasileira (61 milhões contra 212 milhões).*

Mas tampouco é a Itália. A resposta correta é Uruguai.

---

* A Alemanha também é tetracampeã da Copa do Mundo, mas a Itália está na frente, pois a quarta taça veio quando sua população era significativamente maior do que a italiana (mais de 80 milhões). Ela conquistou as outras três (1954, 1974 e 1990) como Alemanha Ocidental, cuja população era parecida com a da Itália.

***

Uruguai? Isso mesmo. O país é conhecido, entre outras coisas, ao menos em termos futebolísticos, por ser a nação de Luis Suárez, o talentoso jogador que, de maneira bizarra, ficou famoso por morder outros jogadores.

A população uruguaia é de apenas 3,5 milhões de pessoas e o país é bicampeão da Copa do Mundo. A primeira taça veio em 1930, com a seleção jogando em casa, em Montevidéu. O país voltou a conquistá-la em 1950 na final contra o Brasil no Rio de Janeiro, talvez numa das maiores frustrações na história do futebol.

Duas taças são uma realização estupenda para um país tão pequeno, mesmo que a primeira tenha vindo há quase um século e a segunda, duas gerações atrás (o torcedor inglês pode se consolar com o pensamento de que há outros países cuja seleção ganhou a copa em um passado ainda mais remoto que a Inglaterra).

Por mais incrível que seja o feito, o Uruguai se sobressai também em outras áreas. O país tem um histórico impressionante em questões de direitos políticos e civis. Em 1912, tornou-se a primeira nação latino-americana onde as mulheres conquistaram o direito ao divórcio sem precisar fornecer uma causa específica e um dos primeiros países do mundo onde conquistaram o direito ao voto (em 1917). Em 2013, tornou-se o primeiro a legalizar a maconha.*

Sem tanto glamour, talvez, quanto o futebol, a política ou os direitos civis, a indústria da carne é outra área em que o Uruguai ocupa o topo da liga internacional. Hoje em dia, é de longe o país com maior proporção de cabeças de gado por habitante.[1] E não é só uma questão

---

* Mas não quero dar a impressão de que o país sempre se destacou por coisas positivas. Entre 1973 e 1985, ele teve uma brutal ditadura militar, durante a maior parte da qual o futuro presidente José Mujica (de 2010 a 2015) foi prisioneiro político.

de quantidade, mas também de qualidade — ele é o primeiro país a criar um sistema para rastrear todo o seu gado (em 2004).* Historicamente, o Uruguai foi o primeiro país a produzir extrato de carne em larga escala, reduzindo o caldo de carne até obter um líquido espesso, que mais tarde evoluiu para o icônico tablete de caldo de carne, como o da marca Oxo.

Em 1847, Justus von Liebig, cientista alemão conhecido por seu trabalho em nutrição vegetal e considerado um pioneiro na área da química orgânica, inventou o extrato de carne. Liebig achava que sua descoberta daria acesso aos nutrientes para pessoas pobres incapazes de comprar carne de verdade. Infelizmente, a matéria-prima era cara demais para tornar o extrato acessível à maioria, permanecendo assim uma curiosidade culinária produzida em pequena quantidade pelos quinze anos seguintes.

Então, em 1862, um jovem engenheiro ferroviário alemão que trabalhava no Uruguai, Georg Christian Giebert, soube da invenção de Liebig. Giebert propôs produzir ali o extrato, onde (assim como na Argentina e no Brasil) a carne bovina era muito barata, por ser essencialmente um subproduto da indústria do couro, já que à época, na ausência de navios frigoríficos, era impossível exportar carne para os potenciais mercados na Europa e na América do Norte.**

Em 1865, a Liebig Extract of Meat Company (Lemco) foi fundada em Londres. Suas instalações produtoras foram estabelecidas

---

* Isso não significa dizer que a carne uruguaia é necessariamente a melhor. Em minha limitada experiência, a carne argentina é no mínimo tão boa quanto a carne uruguaia, se não for melhor. E também tenho uma queda por um corte exclusivo do Brasil, a picanha.
** O navio frigorífico foi inventado na década de 1870, mas empregado em grande quantidade apenas na virada do século xx.

na cidade uruguaia de Fray Bentos, nome de um ermitão do século XVII que teria morado em uma caverna nos arredores.[2] A fábrica de Fray Bentos contava com um laboratório próprio de pesquisa e desenvolvimento (que aplicava o conhecimento científico para desenvolver comercialmente produtos viáveis e tecnologias de produção), nessa época um recurso ao alcance apenas das empresas tecnologicamente mais avançadas, como a gigante alemã do setor químico Basf (ver "Anchova").[3] Muitos historiadores consideram a Lemco, que no futuro operaria em inúmeros países (na Europa, América do Sul e África), a primeira multinacional alimentícia do mundo (sobre multinacionais, ver "Banana").

O extrato de carne da Lemco foi a princípio chamado — quanta imaginação! — de Lemco (*dã!*). Mesmo com o nome mais sem graça na história do comércio, o produto conheceu um grande sucesso mundial. Ele proporcionava uma maneira conveniente e barata de fazer um caldo de carne satisfatório, embora sem fornecer os nutrientes que Liebig de início achara que forneceria (descobriu-se que o processo de extração eliminava a maioria das proteínas e da gordura e, com elas, a maior parte dos nutrientes).[4] O extrato virou uma conveniência ainda melhor quando transformado em um tablete seco em 1908 e rebatizado de Oxo.

Pouco após seu sucesso com o extrato de carne, a Lemco criou outro produto imbatível — carne em lata, que começou a ser produzida em 1873.

A carne é preservada em sal há muitos séculos, na Europa (não se sabe exatamente desde quando). Mas a Lemco a tornou acessível para uma proporção muito maior da humanidade combinando ingredientes mais baratos a uma tecnologia adicional de preservação. A carne uruguaia foi ainda mais barateada com o uso de cortes menos nobres do que o *brisket* (peito), como exige a receita "certa", e de carne picada (talvez para ser impossível discernir os cortes de menor qualidade).

Com o processo de conservação em lata, a Lemco fez a carne curada durar muito mais do que a tecnologia de preservação no sal antes permitia, possibilitando sua exportação por distâncias maiores.

Os tabletes de caldo de carne e a carne em lata se tornaram

> itens básicos à mesa da classe trabalhadora por toda a Europa, para quem a carne antes fora um artigo de luxo. Também possibilitaram uma ração barata, durável e fácil de transportar para os soldados britânicos na Guerra dos Bôeres e para as tropas britânicas e alemãs na Primeira Guerra Mundial, além de exploradores como Robert Falcon Scott e Ernest Shackleton[,]

nas palavras de Shafik Meghji, premiado escritor de viagens que realizou uma reportagem sobre o sítio tombado* da cidade de Fray Bentos para a BBC.[5] Mais tarde, durante a Segunda Guerra Mundial, a carne em conserva desempenhou um papel crucial em fornecer proteínas não só a soldados como também a civis britânicos. Entre abril e setembro de 1942, no auge da chamada Batalha do Atlântico, durante a qual uma porção considerável da carga de alimentos enviada dos Estados Unidos para a Grã-Bretanha (e a União Soviética) foi afundada por submarinos alemães (os britânicos ainda não haviam decifrado o supostamente indecifrável código Enigma da Marinha alemã), a carne em lata compôs um sétimo da ração de carne britânica.[6]

---

* Em 1924, a Lemco foi adquirida pelo Vestey Group (da Grã-Bretanha) e renomeada Frigorífico Anglo del Uruguay (conhecido como El Anglo), refletindo o fato de que nesse momento exportava uma grande quantidade de carne congelada e refrigerada. El Anglo permaneceu como uma potência na indústria alimentícia global até a década de 1960, mas depois entrou em declínio. O complexo que abrigava as fábricas, laboratórios, escritórios e alojamentos da empresa, que encerrou suas operações em 1979, foi reconhecido em 2015 como Patrimônio Mundial da Humanidade pela Organização das Nações Unidas para a Educação, a Ciência e a Cultura (Unesco).

ECONOMIA: MODO DE COMER

* * *

A carne preservada em sal, ou *corned beef*, em inglês, não recebe esse nome por conter milho (*corn*). A palavra *corn* como sinônimo de "milho" é de uso relativamente recente e originária dos Estados Unidos. No uso britânico antigo, significa "grão" (*grain*, também "cereal") — de qualquer tipo, não apenas milho.* O nome "*corned beef*" vem do tipo de cura usada na preservação da carne, que outrora era feita com grãos de sal. Hoje em dia, ela costuma ser conservada em salmoura.

É provável que muitos britânicos já tenham se deparado várias vezes com esse uso antigo da palavra *corn*. Em diversas cidades há um edifício chamado Corn Exchange, onde outrora funcionava a bolsa do comércio de grãos (nos Estados Unidos o edifício era chamado de Grain Exchange). E muitos britânicos provavelmente também aprenderam sobre as Corn Laws em suas aulas de história no ensino médio.

Essas Leis dos Cereais foram introduzidas em 1815 para proteger os cerealistas britânicos com medidas como tarifas de importação ou a proibição de importar grãos estrangeiros mais baratos. Embora a Grã-Bretanha tenha tido diversas Leis dos Cereais desde o século XV, a legislação de 1815 foi particularmente controversa porque surgiu na aurora da Revolução Industrial, quando as indústrias de manufatura estavam se expandindo com rapidez, acompanhadas, por conseguinte, pelo veloz crescimento populacional. Para os moradores da cidade (trabalhadores fabris, funcionários de escritório, lojistas e capitalistas), que precisavam comprar cereais (em vez de cultivá-los), as Leis dos Cereais foram abomináveis.

---

* As mudanças de significado da palavra "*corn*" causam terríveis confusões. Certas ilustrações do século XVIII para o romance *Robinson Crusoé* (que podem ser encontradas na internet) exibem ordenadas fileiras de milharal quando o protagonista fala, na verdade, em plantar "grãos" — em seu caso, arroz e cevada (ver "Coco" para detalhes sobre a dieta de Robinson Crusoé).

Sem tais leis, argumentavam seus críticos, a Grã-Bretanha poderia importar cereais estrangeiros mais baratos, possibilitando uma alimentação mais acessível para sua população urbana (e para muitos moradores da zona rural forçados a comprar víveres, como a mão de obra agrícola). Com o alimento mais barato, observou-se, os capitalistas obteriam mais lucros, na medida em que poderiam pagar salários menores para seus funcionários e, assim, ser capazes de investir mais na manufatura, que impulsionava a prosperidade do país nessa época. Se isso acontecesse, a nação como um todo melhoraria de vida, mesmo que, como argumentavam os adversários das Leis dos Cereais, para os proprietários de terras significasse ganhar menos dinheiro com o arrendamento e, para os grandes fazendeiros de cereais, lucros menores.

A famosa Liga da Lei Anticereal foi formada em 1838 por dois parlamentares, Richard Cobden e John Bright — que estavam entre os heróis políticos de Margaret Thatcher, a ex-primeira-ministra britânica conhecida por seu zelo liberal.[7] Apoiada por grupos não agrários, cujo número e poder cresciam exponencialmente graças à Revolução Industrial, a liga engendrou uma campanha bastante eficaz e conseguiu revogar a legislação em 1846.[8]

A revogação das Leis dos Cereais foi a "vitória final" na "batalha para pôr fim às restrições do governo sobre a indústria e o comércio", segundo Milton Friedman, o economista do livre mercado mais conhecido do século XX, em *Livre para escolher*, seu livro extremamente influente escrito em parceria com sua esposa, Rose Friedman. Nas palavras deles, a revogação "marcou o início de três quartos de um século de um comércio totalmente livre que durou até a eclosão da Primeira Guerra Mundial e completou uma transição, iniciada décadas antes, para um governo altamente limitado".[9] Segundo a visão prevalecente sobre a história do capitalismo, essa ordem econômica internacional "liberal", fundamentada no livre-comércio e na livre movimentação de capital sob a liderança da Grã-Bretanha, resultou em um período de prosperidade global sem precedentes — até ser lamentavelmente interrompida pelas instabilidades econômicas e políticas criadas pelas duas guerras mundiais e pela Grande Depressão.[10]

Entretanto, como em qualquer narrativa, essa "história de origem" do livre-comércio é cheia de imprecisões e mitos. Deixemos de lado por ora o fato de que muitas dessas "restrições do governo sobre a indústria e o comércio" denunciadas pelos Friedman como contraproducentes foram precisamente o que possibilitou a dominação mundial do setor manufatureiro britânico no período que antecedeu a adoção do livre-comércio no país (ver "Camarão").* Ignoremos também o "detalhe" de que a Grã-Bretanha não realizou de fato uma transição completa para o livre-comércio com a revogação das Leis dos Cereais. Mais de 1100 produtos continuaram sujeitos a tarifas (muitas delas ainda altíssimas) em 1848 — foi apenas em 1860 que a Grã-Bretanha pôde ser descrita como uma nação genuinamente de livre-comércio, com menos de cinquenta produtos sujeitos a tarifas.[11]

Mesmo se ignorarmos essas duas "verdades inconvenientes", o mito da criação do livre-comércio tem um furo gritante. Pois a Grã-Bretanha na verdade não foi o primeiro lugar onde ele foi praticado. Tal honra cabe aos países latino-americanos, que adotaram essa política muitos anos antes dela, entre as décadas de 1810 e 1830.[12]

Os países latino-americanos podem ter sido os pioneiros do livre-comércio, mas seu comércio "livre" *não* foi adotado "livremente". Após declarar a independência de seus senhores coloniais espanhóis e portugueses nas primeiras décadas do século XIX, eles foram forçados pelas potências europeias, lideradas pela Grã-Bretanha, a assinar

---

*   Em 1860, a Grã-Bretanha representou 20% da produção manufatureira mundial, enquanto em 1870 essa proporção foi de 46%.

o que veio a ser conhecido como "tratados desiguais". Entre outras coisas, esses tratados impunham o livre-comércio às nações mais fracas privando-as de "autonomia tarifária", ou seja, o direito do país de determinar suas próprias tarifas.* Apenas uma alíquota uniforme muito baixa — em geral, 5%, mas podendo chegar a 3% — era permitida, de modo que o governo pudesse arrecadar alguma receita sem afetar o fluxo de comércio internacional.

A partir da década de 1830, outros países mais fracos que continuavam independentes — como a Turquia (na época, Império Otomano), a Tailândia (reino do Sião), o Irã (Pérsia) e a China — foram obrigados a firmar tratados desiguais e a entrar para a turma do livre-comércio. O Japão também teve de assinar esses tratados a partir de 1853, quando o país foi aberto à força pela "diplomacia do canhão" do comodoro americano Perry. Após todos esses tratados expirarem na década de 1910, o Japão abandonou rapidamente o livre-comércio e elevou suas tarifas industriais para cerca de 30% em média, a fim de conseguir promover suas incipientes indústrias contra a concorrência dos produtores estrangeiros superiores (ver "Camarão"). Os países latino-americanos já haviam feito o mesmo quando seus tratados desiguais expiraram nas décadas de 1870 e 1880.

Enquanto o livre-comércio impingido se espalhava pelo globo ao longo do século xix e início do século xx, o protecionismo era a norma entre os países da Europa continental (com exceção da Holanda e da Suíça) e na América do Norte.[13] Os americanos foram

---

* A mais importante dentre essas "outras coisas" era a "extraterritorialidade". Ela significou que os cidadãos de países mais poderosos não podiam ser julgados no tribunal de um país menor porque seu sistema legal era considerado de qualidade muito baixa para cidadãos dos países mais "avançados". Esses tratados também envolviam a cessão de concessões a indivíduos e empresas das nações mais poderosas para exploração dos recursos naturais (como direitos de mineração, exploração de madeira etc.) a preço de banana.

um infrator particular nesse aspecto — entre a década de 1830 e a Segunda Guerra Mundial, suas tarifas industriais variaram em média de 35% a 50%, fazendo dos Estados Unidos o país mais protecionista do mundo durante boa parte desse período.

Assim, acontece que o período descrito pelos Friedman como "três quartos de século de absoluto livre-comércio" não foi na realidade tão "livre" como em geral se imagina. Dentre as duas dúzias de países europeus e norte-americanos capazes de escolher suas próprias políticas comerciais, pouquíssimos (Grã-Bretanha, Holanda e Suíça) praticavam o livre-comércio. Todas as demais nações aderiram a ele sob coação, não de livre e espontânea vontade — as nações mais fracas da Ásia e da América Latina sujeitadas a tratados desiguais ou as colônias asiáticas e africanas das potências europeias, obrigadas por suas metrópoles a adotar o livre-comércio.

Felizmente para os defensores do livre-comércio, o atual sistema comercial internacional não é mais manchado por esses exemplos de "livre-comércio coagido". Todos os tratados desiguais expiraram na década de 1950. Na década de 1980, a maioria das nações com uma população significativa havia sido descolonizada, embora até hoje exista um número surpreendentemente grande de territórios sob domínio colonial (cerca de sessenta).[14] Ainda mais importante, desde 1995 o comércio internacional passou a ser regulamentado pela Organização Mundial do Comércio (OMC), na qual todos os países membros têm igual direito a voto, ao contrário dos demais organismos internacionais, em que países com maior poderio militar e/ou econômico são oficialmente os mais influentes.*

---

* Nas Nações Unidas, os cinco membros permanentes do Conselho de Segurança (Estados Unidos, Reino Unido, França, Rússia e China) detêm poder de veto.

Porém, tudo isso não quer dizer que não há desequilíbrios de poder envolvidos no comércio internacional. Ainda que não o exerçam de forma tão descarada e brutal quanto antes, os países mais fortes continuam a usar seu poderio para moldar e gerenciar o sistema de comércio internacional segundo seus interesses.

Para começar, os países mais poderosos sempre tiveram uma influência muito maior em determinar a pauta inicial de negociações para as regras da omc e tomam medidas para que estas sejam elaboradas a seu favor. Por exemplo, a entidade impõe menos restrições ao protecionismo comercial e aos subsídios para os produtores agrícolas do que ao setor manufatureiro. Não é difícil adivinhar o motivo — relativamente falando, os países ricos têm agricultura mais fraca e os países pobres, manufatura mais fraca. Ou considere as regras da omc que limitam a capacidade dos governos nacionais de regulamentar as multinacionais em operação dentro de suas fronteiras. A omc proíbe o uso de "requisito de conteúdos locais" (ou seja, um governo exigir que as multinacionais adquiram mais do que uma determinada proporção de seus insumos localmente, em vez de importá-los — ver "Banana" e "Macarrão"). Essa regra beneficia os países ricos de forma desproporcional porque é deles que vem a maioria das multinacionais. Esses exemplos mostram que, ainda que todos os países cumpram as mesmas regras, os mais poderosos tendem a se beneficiar mais do sistema porque já garantiram que o conteúdo das regras os favorecerá.

Ademais, regras escritas são uma coisa e sua aplicação, outra. Considere o caso das regulamentações da omc sobre tarifas, que

---

No Banco Mundial e no Fundo Monetário Internacional (fmi), o direito ao voto de um país está vinculado ao capital social pago por ele, de modo que os países ricos detêm um poder desproporcional. Como resultado, os países ricos dispõem da maioria dos votos, enquanto os Estados Unidos, com 18% dos votos, têm um poder de veto efetivo sobre decisões importantes, na medida em que elas exigem uma supermaioria de 85%.

de fato favorecem países em desenvolvimento, permitindo-lhes empregar tarifas mais altas. Mas os benefícios que eles colhem com tal medida são na prática limitados, porque os países ricos usam seu poder para impedi-los de empregar por completo suas margens tarifárias. Isso com frequência se deve ao poder financeiro. Os países ricos costumam fazer da liberalização do comércio uma condição sine qua non para apoiarem financeiramente países em desenvolvimento — a "ajuda estrangeira" bilateral que concedem e os empréstimos feitos por instituições financeiras multilaterais, como o Banco Mundial e o Fundo Monetário Internacional (FMI), que são controlados por eles (ver nota de rodapé nas páginas 114-5). Em outras ocasiões, usam seu *soft power*— por intermédio de acadêmicos, da mídia internacional e de *think tanks* de políticas públicas — para convencer os países em desenvolvimento de que o livre-comércio é bom para eles. Como resultado, a tarifa industrial *efetivamente aplicada* pelos países em desenvolvimento hoje em dia gira em torno de 10% em média, ainda que esses países possam ter tarifas de 20% a 30% ou até mais elevadas (dependendo do país) de acordo com as regras da OMC. Isso mostra que ter poder não significa apenas ser capaz de obrigar alguém a agir contra a própria vontade. Significa também fazer com que outros se abstenham de agir em interesse próprio por medo de punição ou mesmo na crença de que a medida em questão vai contra seus interesses.

Graças à combinação de um apetite humano aparentemente insaciável pela carne bovina e o desenvolvimento de tecnologias de preservação (extrair, enlatar, refrigerar), no último século e meio a carne conquistou o mundo.

Esse domínio é tamanho que a indústria de carne bovina transformou a Terra no "planeta das vacas", nas palavras do eloquente cientista ambiental Vaclav Smil.* A indústria de carne bovina impõe uma imensa carga ambiental ao planeta em termos de gases de efeito estufa, desmatamento e uso da água (ver também "Camarão" e "Limão").¹⁵ A carne bovina passou a ocupar uma posição tão dominante em nosso sistema alimentar que é impensável discutir seu papel na sociedade humana e na economia, para o bem ou para o mal, sem falar sobre ela.

Do mesmo modo, com a ascensão do capitalismo e, por conseguinte, da ideologia econômica do livre mercado e do livre-comércio, o conceito de "liberdade" se tornou onipresente no modo como pensamos sobre a sociedade e a economia. Qualquer ideia contendo as palavras "livre" ou "liberdade" é considerada boa — livre-comércio, livre mercado, liberdade de expressão, liberdade de imprensa, combatentes da liberdade e assim por diante. Tudo que vai contra essas coisas, por sua vez, é considerado primitivo, repressivo e retrógrado.

Porém, há muitos conceitos diferentes de liberdade e eles não podem todos ser considerados inequivocamente bons para todo mundo (ver "Quiabo"). No caso do "livre"-comércio, significa apenas liberdade para quem realiza operações comerciais através de fronteiras nacionais não ficar sujeito a regulamentações (por exemplo, proibições de importação) ou impostos (por exemplo, tarifas) por parte dos governos nacionais. Nada além disso. Donde temos a perversa situação da era inicial do livre-comércio (século XIX e início do século XX), quando o "livre"-comércio foi quase exclusivamente conduzido por nações "não livres" que haviam sido privadas do direito de determinar seu próprio futuro devido ao colonialismo e alcançou os tratados desiguais. Mesmo numa situação em que há uma igualdade formalizada

---

* Segundo os cálculos de Smil no capítulo intitulado "Planeta das vacas", de seu livro *Os números não mentem*, a biomassa do gado bovino é 1,5 vez maior que a humana e duzentas vezes maior que a do elefante.

entre nações, como na atual (segunda) era do livre-comércio, esse modelo não significa que todos se beneficiem da mesma forma, pois as regras do comércio internacional são estabelecidas e administradas pelos países mais fortes a seu próprio favor.

Somente quando compreendermos os desequilíbrios de poder que definem o comércio internacional e pararmos de nos deslumbrar com a palavra "livre" poderemos compreender por que há tantas disputas e conflitos entre nações sobre algo que deveria ser tão indiscutivelmente bom para todo mundo, como o livre-comércio.

9
Banana

> *Sanduíche Elvis, versão da família*
> *Chang (americano)*
> *Torrada com manteiga de amendoim e fatias*
> *de banana adoçada com mel*

HÁ UM MONTE DE PRATOS BATIZADOS com o nome de seus (segundo consta) inventores — como Dongpo *pork*, salada Caesar e *nachos*.* Ou com o nome da pessoa para quem (segundo consta) foram inventados e a quem foram dedicados — como *beef* Wellington, pizza Margherita e *peach* Melba.**

---

* Respectivamente: Su Dongpo, poeta chinês do século xi; Cesare Cardini, chef ítalo-americano do começo do século xx; Ignacio "Nacho" Anaya, chef mexicano de meados do século xx.
** Respectivamente: Arthur Wellesley, primeiro duque de Wellington e general britânico que derrotou Napoleão em Waterloo; Margherita, primeira rainha da Itália unificada (1871 em diante); Nellie Melba, soprano australiana do fim do século xix.

Mas existe um prato batizado em homenagem a alguém que nada mais era que seu fã: o sanduíche Elvis. Também conhecido apenas como Elvis, é um sanduíche de banana com manteiga de amendoim (muitas vezes, mas não necessariamente, com bacon; às vezes com mel ou geleia), adorado pelo legendário Elvis Presley, ou, para muitos, simplesmente "o Rei". Dizem que Elvis o comia com tanta frequência que as pessoas passaram a se referir ao sanduíche com seu nome.

Vou ser mais realista que o Rei aqui. Um sanduíche de manteiga de amendoim e banana com algumas gotas de mel é um dos cafés da manhã favoritos de minha esposa, e muitas vezes a acompanho nesse desjejum. Acho a combinação da textura cremosa e adocicada da banana com o sabor característico da manteiga de amendoim simplesmente irresistível.

Admito que usar banana como recheio de sanduíche é uma maneira pouco comum de consumi-la. As pessoas a utilizam para fazer "doces" (como pão ou *muffin* de banana) ou sobremesas (como a famosa *banana split* americana ou a torta *banoffee* inglesa). Mas a banana é consumida sobretudo como fruta, a exemplo de maçãs e morangos (bom, ela é uma fruta, não é?), de forma "pura" ou misturada a cereais no café da manhã e a iogurtes e sorvetes.

No entanto, esse é o caso apenas de quem vive em países onde não há cultivo de banana. Estima-se que 85% das bananas são consumidas nos próprios lugares onde ela é produzida — Ásia Meridional e Sudeste Asiático, África, América do Sul e Caribe.[1] Nessas regiões, a banana é sem dúvida mais consumida como fruta, porém, com frequência, integra alguma receita — fornecendo o carboidrato a uma refeição (cozida, no vapor, frita, grelhada, assada — você escolhe) ou fazendo as vezes de hortaliça em pratos salgados (sobretudo no sul da Índia). E não é apenas a banana-da-terra que se usa na cozinha. Esse é o caso também das variedades de banana consideradas mais "doces", que representam 95% da produção comercializada internacionalmente.²* Não surpreende que tanto a banana "de cozinhar" como a "de sobremesa" sejam cultivares diferentes da mesma espécie e que em muitos países produtores as pessoas mal façam distinção entre uma e outra.³ Em diversos países africanos, as bananas também servem para fabricar cerveja. Em áreas rurais de lugares como Uganda, Ruanda e Camarões, a banana pode representar mais de 25% da ingestão diária de calorias.⁴

A banana é originária do Sudeste Asiático. Estima-se que foi domesticada há milhares de anos.⁵ No processo de domesticação, em que mutantes sem sementes foram selecionadas por terem mais partes comestíveis, a banana perdeu sua capacidade de se reproduzir por meios naturais. A banana domesticada não pode se propagar sem a intervenção humana, que envolve "a remoção e o replantio de mudas dos brotos (ou rebentos) desenvolvidos a partir do caule subterrâneo (ou cormo) da planta madura".⁶ Todas as bananas reproduzidas dessa forma são, como resultado, geneticamente idênticas.**

---

* Virtualmente, toda a produção comercializada internacionalmente (95%) e cerca da metade de todas as bananas produzidas mundialmente são de uma única variedade, a Cavendish, ainda que existam mais de mil tipos de banana no mundo. Desenvolvida em meados da década de 1830, essa variedade tem esse nome em referência a William Cavendish, sexto duque de Devonshire. Mas não foi ele que a criou, e sim Joseph Paxton, seu jardineiro chefe e amigo pessoal. Paxton batizou a nova banana de *Musa cavendishii* (*Musa* é o gênero que inclui várias espécies de banana) em homenagem ao cordial patrão, pois ela foi desenvolvida na estufa de Chatsworth House, Derbyshire, sede do ducado da família Cavendish (não me pergunte por que a sede do duque de Devonshire fica em Derbyshire, não em Devonshire, ou Devon — não há limites para as peculiaridades e estranhezas no mundo da aristocracia britânica).

** Isso significa que, comparada a outros cultivos, a banana pode se tornar geneticamente homogênea muito rápido, sobretudo em um contexto comercial onde a lucratividade dá o tom. Mas o limitado pool genético resultante dificulta o controle de doenças da fruta. Atualmente, existe uma preocupação de que a banana

A banana cruzou o oceano Índico e chegou à África em algum momento entre o segundo milênio a.C. e o primeiro milênio d.C. (sei que é um intervalo de tempo muito grande, mas essas coisas são assim mesmo).[7] Portanto, na altura em que os primeiros europeus (os portugueses) chegaram à África subsaariana, na costa ocidental, na década de 1470, as bananas tinham sido naturalizadas no continente pelo menos havia várias centenas de anos e, talvez, milênios. Os portugueses adotaram a palavra "banana" da família linguística banto da África Ocidental e Central.[8] Ironicamente, os europeus encontraram bananas pela primeira vez em seu lar ancestral no Sudeste Asiático apenas em 1521, durante a famosa viagem do capitão português Fernão de Magalhães pelo Pacífico.[9]

Os portugueses usavam bananas para alimentar os africanos escravizados trabalhando na produção de açúcar na Ilha da Madeira e nas Ilhas Canárias (que foram em parte território português até 1479). Quando iniciaram o tráfico de africanos para as Américas, os portugueses recorreram sobretudo à banana-da-terra, complementada com arroz, como dieta básica nos navios negreiros. Nas fazendas coloniais, os escravizados eram encorajados a plantar bananas nos pequenos lotes que recebiam para cultivar alimentos e suplementar suas parcas rações. No clima adequado, a bananeira cresce o ano todo e é extremamente prolífica, produzindo cerca de noventa toneladas por acre — dez vezes mais do que o inhame e cem vezes mais do que a batata — com intervenção mínima da mão de obra humana.[10]

Cavendish possa desaparecer devido ao chamado mal do Panamá, causado por um fungo. A indústria da banana está nessa situação porque insiste em cometer o equívoco histórico de reduzir a diversidade genética na busca pelo lucro. A própria Cavendish é uma variedade substituta que chegou à cena comercial na década de 1950, quando a Gros Michel, até então a variedade comercial absolutamente dominante, desapareceu devido a uma variedade anterior do mal do Panamá (a variedade Raça Tropical 1; o fungo da bananeira atual é o Raça Tropical 4).

Assim, era um cultivo ideal para os lotes controlados pelos escravizados, nos quais os senhores esperavam que eles passassem o menor tempo possível.

A banana pode ter chegado às Américas como uma engrenagem essencial no maquinário da economia baseada na fazenda de escravos, mas alguns séculos depois se tornou o motor da economia de exportação para muitos países na região.

No fim do século XIX, o desenvolvimento de ferrovias, navios a vapor e técnicas de refrigeração abriu caminho para as exportações em larga escala de produtos agrícolas perecíveis por longas distâncias (ver também "Centeio", "Quiabo" e "Carne"). A banana foi uma das principais beneficiárias dessa mudança. Por apodrecer com facilidade, até o fim do século XIX ela permanecera uma fruta de luxo, vendida em pequenas quantidades até nos Estados Unidos, que ficam muito próximos de países produtores de banana nas Américas. Quando a importação de bananas em larga escala para lá passou a ser possível, as empresas americanas, em especial a United Fruit Company (UFC) (atual Chiquita) e sua rival menor, a Standard Fruit Company (SFC) (atual Dole), estabeleceram grandes plantações de banana no Caribe (Cuba, República Dominicana, Haiti), na América Central (sobretudo Honduras, Costa Rica, Nicarágua, Panamá e Guatemala) e no norte da América do Sul (Colômbia e Equador, hoje em dia os maiores exportadores mundiais).

As empresas americanas de banana logo passaram a dominar a economia desses países. Por exemplo, em Honduras, a UFC e a SFC controlavam as ferrovias, a luz elétrica, o correio, o telégrafo e o telefone.[11] Na década de 1930, na Guatemala, a UFC "era a maior proprietária de terras, a maior empregadora, a maior exportadora e dona de quase todas as ferrovias do país".[12] Muita gente nos países dependentes do produto chamava as empresas americanas de bananas de El Pulpo ("o Polvo"), por terem tentáculos que se imiscuíam em todos os aspectos de suas economias.[13]

Esse controle econômico quase absoluto naturalmente proporcionou às empresas bananeiras um grau elevadíssimo de influência política nos países produtores das Américas. Tais empresas tinham seu próprio serviço alfandegário e polícia, de modo que grande parte de seus negócios estava além da jurisdição nacional. Políticos eram subornados para garantir medidas "pró-negócios". Golpes de Estado contra governos que tentavam contrariar seus interesses (por exemplo, elevar impostos muito baixos para níveis um pouco mais altos, obrigá-los a vender terras sem uso, fortalecer minimamente os direitos do trabalhador) eram apoiados pelas empresas bananeiras, às vezes reforçadas por mercenários americanos, chamados de "flibusteiros" (palavra derivada do termo holandês para "piratas"). Ao longo da primeira metade do século xx, fuzileiros navais dos Estados Unidos invadiram e ocuparam com regularidade alguns desses países, a fim de proteger os interesses das empresas americanas, em especial na indústria da banana.[14]

As empresas bananeiras americanas ganharam um pouco mais de notoriedade com o que ficou conhecido como Massacre das Bananeiras na Colômbia. No outono de 1928, os trabalhadores das fazendas da UFC entraram em greve, fazendo exigências que hoje em dia seriam consideradas condições básicas: construir banheiros e postos de assistência médica; pagar os salários em dinheiro, não em cupons que só podiam ser usados em lojas da UFC, que vendiam produtos a preços abusivos; tratar os trabalhadores como funcionários, não como terceirizados sem direito sequer à proteção mínima oferecida pelas precárias leis trabalhistas.[15]* Sob pressão do governo ameri-

---

* Ou seja, a *gig economy* não foi inventada no Vale do Silício.

cano, que ameaçava intervir militarmente se a greve não chegasse logo ao fim (ameaça crível, considerando seu histórico na região), o Exército colombiano decidiu encerrá-la à força em 6 de dezembro. Um grande — e questionado — número de grevistas foi fuzilado na cidade produtora de Ciénaga (as estimativas variam de 47 a 2 mil pessoas).[16] O Massacre das Bananeiras ficou gravado para sempre na memória coletiva por Gabriel García Márquez, romancista colombiano e laureado com o Nobel, em sua obra-prima *Cem anos de solidão* (meu livro favorito, devo confessar). Nele, García Márquez faz um relato ficcional do evento em que mais de 3 mil trabalhadores em greve são mortos, despejados em vagões de trem e levados da plantação de banana em Macondo, a cidade imaginária onde se passa a história, para apagar qualquer evidência do morticínio.

A dominação das empresas bananeiras na América Central e no norte da América do Sul entre o fim do século XIX e meados do século XX foi tamanha que esses países passaram a ser chamados de "repúblicas de bananas". O termo foi cunhado pelo escritor americano O. Henry (pseudônimo de William Sydney Porter) em seu conto "The Admiral" [O almirante], de 1904, ambientado na Anchuria, uma versão ficcionalizada de Honduras, onde ele fora exilado em 1897. Na história, que mostra a natureza deprimente de seu governo em termos tanto financeiros como organizacionais, O. Henry chama a Anchuria de "república de bananas".[17] Cerca de meio século depois, em 1950, o poeta chileno Pablo Neruda, também laureado com o Nobel, contribuiu para a popularização do termo escrevendo um poema chamado "United Fruit Co.", em que fala sobre "repúblicas de bananas".

Hoje em dia muita gente nos Estados Unidos e em outras nações ricas conhece o termo "república de bananas", Banana Republic, apenas como uma marca de roupas. Mas, em sua origem, ele foi criado para descrever a realidade sinistra da dominação quase absoluta de nações em desenvolvimento por grandes corporações dos países ricos. Usar esse nome como marca de roupas é, na melhor das hipóteses, um sinal de ignorância e, na pior, um insulto. Seria como chamar uma cafeteria chique onde o café é moído na hora de Fábrica Satânica* ou uma óptica que vende óculos escuros de luxo de Continente Negro.

O fenômeno da república de bananas mostra como corporações poderosas de países ricos com operações em muitos países — conhecidas como multinacionais ou transnacionais — podem impactar de forma negativa a "economia anfitriã" que recebe seus investimentos.

Mas não permita que isso o leve a fazer um conceito uniformemente negativo das multinacionais. Sua presença pode representar muitos benefícios para a economia anfitriã.

A presença de multinacionais é capaz de aparelhar economias atrasadas a começar uma indústria nova que elas não poderiam ter sonhado em estabelecer por conta própria — como quando, em 1998, a Intel abriu uma nova fábrica de montagem de microchips e inaugurou a indústria de semicondutores na Costa Rica, uma das "repúblicas de bananas" originais.[18] Ou, na verdade, quando as primeiras empresas de semicondutores do mundo, como a Fairchild e a Motorola, estabeleceram suas operações de montagem em meados da década de 1960 na Coreia do Sul — hoje uma superpotência na indústria dos semicondutores, mas na época um país pobre em que a montagem de radiotransistores, sobretudo com peças importadas, estava entre os setores mais avançados.[19]

Mesmo nas indústrias que já existem na economia anfitriã, as multinacionais podem contribuir com tecnologias superiores e novas téc-

---

* *Satanic Mills*: expressão cunhada por William Blake sobre a Revolução Industrial que entrou para o léxico inglês. (N. E.)

nicas de gestão. Isso às vezes acontece de maneira direta, quando os cidadãos do país anfitrião trabalham para uma multinacional como gerentes, engenheiros e outros profissionais, e depois mudam para empresas locais ou mesmo estabelecem seus próprios negócios, levando consigo os novos conhecimentos. Mas também pode acontecer indiretamente, quando as multinacionais compram insumos de empresas locais, e estas a seguir precisam aprender a atender a padrões de tecnologia e qualidade mais elevados, às vezes com a ajuda técnica delas.

De modo que pode haver imensos benefícios potenciais de ter multinacionais operando em seu país. Citando esses benefícios, muitos líderes empresariais, economistas acadêmicos e organizações internacionais, como o Banco Mundial e a OMC, recomendam que os países em desenvolvimento acolham as multinacionais de braços abertos, oferecendo-lhes incentivos ou mesmo isenções fiscais, regulamentando-as moderadamente ou mesmo isentando-as de regulamentações locais, em especial as relativas a questões trabalhistas e ambientais. Irlanda e Singapura costumam ser citadas como exemplos de países que alcançaram a prosperidade recebendo ativamente investimentos de multinacionais, conhecidos como investimentos estrangeiros diretos, mediante tais políticas.

Mas o problema é que esses potenciais benefícios da presença de multinacionais não passam disso — "potenciais". Sua concretização exige políticas do governo que façam com que as multinacionais se comportem da maneira correta.

Em vista do grau de capacitações relativamente baixo nos países em desenvolvimento, as multinacionais recrutam pessoas do mercado de trabalho internacional quando contratam para cargos de alto escalão em gerência e tecnologia. Assim, sobram para os moradores locais dos países anfitriões, com pouca margem para absorver conhecimentos de mais alto nível, os cargos subalternos. Em algumas situações, por motivos políticos, elas podem até trazer seu próprio pessoal para ocupar também as vagas de subordinados, como no caso de algumas construtoras chinesas. Dada a baixa capacidade produtiva das empresas locais, as multinacionais preferem importar insumos de seus fornecedores regulares em seus países de origem ou em países onde elas já estabeleceram redes de fornecedores, em vez de se arriscar à incógnita de empresas locais que muito provavelmente terão de aprender coisas novas.

Como resultado, o país anfitrião termina com "enclaves", isolado do resto da economia, em que subsidiárias das multinacionais assumem o "trabalho de apertar parafusos" simplesmente usando a mão de obra local mais barata para finalizar a montagem com insumos sobretudo importados, comprando pouco das empresas locais. Nesse caso, talvez haja a curto prazo alguns benefícios limitados (como os salários pagos aos trabalhadores e certos insumos de baixa tecnologia comprados de empresas locais, entre outros), mas a maior parte dos benefícios reais da presença de multinacionais (como a transferência de tecnologias melhores, o contato com práticas de gestão mais eficazes, a capacitação de trabalhadores e engenheiros para habilidades e tecnologias mais avançadas) não se materializa.

O exemplo mais revelador de "economia de enclaves" é o das Filipinas, que, para alguns, constitui a economia mais high-tech do mundo, com a maior proporção de produtos de alta tecnologia (sobretudo eletrônicos) em sua cesta de exportações manufatureira, com 60% (muito mais elevada do que os Estados Unidos, com cerca de 20%, ou até a Coreia, com 35%), segundo dados do Banco Mundial.[20] A despeito de serem tão "high-tech", as Filipinas têm uma renda média per capita de apenas 3500 dólares anuais, em comparação a mais de 30 mil dólares na Coreia do Sul e a cerca de 60 mil dólares nos Estados Unidos. Isso se deve ao fato de os produtos eletrônicos exportados pelas Filipinas serem todos fabricados por subsidiárias de multinacionais executando o trabalho de "apertar parafusos" em enclaves econômicos. As Filipinas podem ser um exemplo extremo, mas as subsidiárias de multinacionais nos países em desenvolvimento com frequência acabam se encarregando do trabalho braçal em enclaves.

Isso posto, não constitui grande surpresa que muitos governos tenham regulamentado as multinacionais com a finalidade de maximizar seus benefícios. Eles restringiram a participação acionária das companhias, de modo que elas tivessem de criar uma joint venture com alguma empresa local, que nesse caso teria uma oportunidade muito maior de aprender com a associada mais capacitada do que de outra forma. Em setores-chave, a participação oferecida era em geral inferior a 50%, a fim de que os empreendimentos locais tivessem uma posição de negociação melhor. Os países exigiram que as multinacionais transferissem tecnologia para suas subsidiárias ou impusessem tetos aos royalties que poderiam cobrar por licenciar suas tecnologias para elas. Às vezes as obrigavam a contratar mais do que determinada proporção de trabalhadores locais ou a dar treinamento para os contratados. Para maximizar os benefícios indiretos dos investimentos das multinacionais, obrigavam suas subsidiárias a comprar mais do que determinada proporção de seus insumos de fornecedores locais — isso é conhecido como "exigência de conteúdos locais". Essas políticas foram usadas extensamente — e foram bem-sucedidas nisso — por países como Japão, Coreia do Sul, Taiwan e Finlândia entre o fim da Segunda Guerra Mundial e a década de 1980.[21]

Os casos de Coreia e Taiwan são particularmente interessantes. Para atrair multinacionais, ofereceram de início isenções fiscais e até a suspensão parcial das já precárias leis trabalhistas nacionais em setores que não envolviam altas tecnologias (roupas, bichos de pelúcia e tênis, por exemplo). Entretanto, ao contrário da opinião hoje dominante, impuseram todo tipo de regulamentação para direcionar os investimentos das multinacionais para setores high-tech, como eletrônicos e automóveis, e extrair delas a maior quantidade possível de tecnologias e habilidades. Graças a tais políticas, esses países possuem hoje suas próprias multinacionais de primeira linha, como Samsung (Coreia) e TSMC (Taiwan) na produção de semicondutores, LG (Coreia) em monitores e Hyundai-Kia (Coreia) em automóveis (ver "Macarrão"). A China tem agido de forma parecida nas últimas décadas, embora seu grande mercado doméstico (que a maioria das multinacionais ansiava por explorar) tenha proporcionado ao país tamanho poder de barganha que boa parte da transferência de conhecimento foi organizada mediante negociações informais com cada multinacional individualmente, não por meio da legislação formal, como nos casos de Coreia e Taiwan.

Até Irlanda e Singapura, cujo sucesso econômico a maioria das pessoas presume se dever à liberalidade com que receberam as multinacionais, na verdade foram bem-sucedidas devido à intervenção de políticas públicas (suas situações estratégicas — a Irlanda é membro da União Europeia e Singapura fica no principal entroncamento do comércio internacional — também ajudaram). Os governos desses países fizeram de tudo para fornecer um auxílio sob medida às multinacionais dispostas a investir nas indústrias de alta tecnologia, como eletrônicos e fármacos, em vez de simplesmente esperar que chegassem para fazer o que bem entendessem.[22] No caso de Singapura, o governo também extraiu máximo proveito de sua posição como principal proprietário (mais de 90%) de terras para atrair multinacionais em indústrias de alta produtividade oferecendo-lhes boas localizações a aluguéis razoáveis.

A indústria da banana é a mais produtiva do mundo. Mas essa produtividade, usada da forma errada, levou a resultados bastante negativos. A princípio a banana foi usada para manter os escravizados vivos nas Américas a um custo mínimo para os donos das plantações. Mais tarde, causou exploração da mão de obra, corrupção política e invasão militar internacional em muitas economias por todo o mar do Caribe e arredores.

Com as multinacionais é a mesma coisa. Assim como bananas, muitas delas são bastante produtivas. Porém, se forem aproveitadas de forma equivocada, o país anfitrião acaba virando uma "economia de enclaves", quando não uma "república de bananas". Apenas quando houver políticas públicas para assegurar a máxima transferência de tecnologias, capacitações do trabalhador e práticas de gestão, as economias anfitriãs se beneficiarão de verdade da presença de multinacionais.

10
Coca-Cola

> *Coca-Cola (americana)*
> *Você sabe o que é*

NÃO POSSO DIZER QUE TENHA O COSTUME de tomar Coca-Cola — nem qualquer outro tipo de refrigerante.

Mas, às vezes, em uma tarde quente de verão, até eu acho que não há nada como uma Coca-Cola gelada. Só que não tomo direto da garrafa ou da lata. Não por qualquer melindre de etiqueta. É apenas que preciso de um recipiente — beberia em uma tigela, se necessário. A questão é que gosto da Coca-Cola, mesmo gelada, com uma porção de cubos de gelo, pois acho o refrigerante doce demais para tomar puro e o prefiro diluído.

Mas bilhões de pessoas no planeta discordam. Elas gostam do que para mim é o sabor excessivamente doce do refrigerante. Como escreveu em meados da primeira década deste século o jornalista britânico Tom Standage, há "duzentos territórios onde a Coca-Cola Company opera — mais do que os membros das Nações Unidas. Sua bebida é hoje o produto mais conhecido do mundo e dizem que 'Coca-Cola' é a segunda palavra mais compreendida no mundo depois de 'o.k.'".[1]

Talvez o produto mais icônico dos Estados Unidos, a Coca-Cola passou a simbolizar o capitalismo americano, no que ele tem de melhor e de pior. Para alguns, como jovens dissidentes na antiga União Soviética, ela era um símbolo de liberdade — pessoal, econômica e política.* Para outros, como a esquerda indiana até a década de 1980, sintetizava tudo que estava errado com o capitalismo americano — o consumismo e, pior ainda, a manipulação comercial do gosto do consumidor. Em 1977, numa medida altamente simbólica, o governo indiano cancelou a licença da Coca-Cola para operar no país quando ela se recusou a entrar em joint venture com uma parceira local. De forma igualmente simbólica, a companhia voltou à Índia em 1993, logo após sua liberalização econômica, em 1991. Poucos produtos alimentícios são tão carregados de simbolismo político numa escala global como a Coca-Cola.

Se havia alguém capaz de se guiar com destreza pelo campo minado simbólico da Coca-Cola era o marechal Georgi Zhukov, a mente militar por trás das vitórias soviéticas sobre os nazistas nas batalhas cruciais de Leningrado e Stalingrado, na Segunda Guerra Mundial. Dizem que se apaixonou pela bebida quando foi apresentado a ela pelo general americano (e depois presidente) Dwight Eisenhower durante a guerra. Na época em que comandou as forças de ocupação soviéticas na Europa (maio de 1945 a junho de 1946),

---

* Não devo exagerar a importância simbólica da Coca-Cola. É de fato incontestável, mas os jeans da Levi's, os cigarros Marlboro e os álbuns das bandas de rock americanas são igualmente icônicos.

ele fez um pedido especial à Coca-Cola Company para criar uma versão clara do produto, de modo a poder degustar o refrigerante sem ninguém acusá-lo de beber a essência do capitalismo americano. A versão branca, obtida com a eliminação do corante caramelo, foi produzida em Bruxelas, engarrafada em cascos sem identificação de marca e enviada para o quartel-general do marechal na Europa.[2] Uma manobra brilhante digna de um dos maiores estrategistas militares da história.

A Coca-Cola foi inventada por John Pemberton, de Atlanta, Geórgia, nos Estados Unidos.[3] Em 1885, ele lançou o elixir French Wine Coca, cujos ingredientes principais eram folhas de coca, noz-de-cola e vinho. Já existiam outras bebidas que misturavam álcool e folhas de coca. Particularmente popular era o Vin Mariani, em que as folhas ficavam embebidas por seis meses, cujos admiradores incluíam a rainha Vitória e Thomas Edison.[4] A inovação de Pemberton foi adicionar noz-de-cola à mistura. A bebida era vendida como "tônico para os nervos" (seja lá o que isso signifique — pelo jeito, o mundo ocidental sofria um bocado com problemas de nervos no século XIX).

Em 1886, o álcool foi proibido no principal mercado para a bebida de Pemberton na época (Atlanta, Geórgia e arredores de Fulton County). Pemberton eliminou o álcool de seu French Wine Coca e acrescentou açúcar (para disfarçar o sabor amargo dos dois ingredientes principais, folhas de coca e noz-de-cola, que ficava proeminente demais sem o sabor do vinho) e óleos cítricos. A bebida não alcoólica resultante foi chamada de Coca-Cola.

Ela era vendida a princípio em dispensadores de refrigerante das drogarias, talvez para enfatizar seu caráter medicinal, uma vez que bebidas carbonatadas eram consideradas benéficas para a saúde. A

Coca-Cola passou a ser engarrafada em 1894, possibilitando assim seu transporte por longas distâncias e ampliando imensamente seu potencial mercado. Em meados da década de 1910, sua enorme popularidade atraiu imitações, que a empresa tentou combater por meio de uma campanha publicitária com o slogan "Exija a genuína".[5] Nos anos 1920, ela começou a ser exportada. Na década seguinte, virou um ícone nacional. Em 1938, a Coca-Cola era descrita como a "essência sublime da América".[6]

O nome Coca-Cola foi inventado por um dos sócios de Pemberton, Frank Robinson, combinando os nomes dos dois principais ingredientes.

A noz-de-cola é originária da África Ocidental. Ela contém substâncias como cafeína (em maior quantidade até do que o café e a maioria dos chás) e teobromina (também contida no chocolate — ver "Chocolate").[7] Devido a essa propriedade, os africanos ocidentais a mascavam como estimulante e supressor de apetite, o que lhes permitia "realizar um esforço prolongado sem sentir fadiga nem sede".[8] O hábito de mascar noz-de-cola desempenha um importante papel em reuniões comunitárias, ritos de passagem e cerimônias para ratificação de tratados e contratos nas culturas da África Ocidental.[9] Também se dizia que a noz-de-cola deixava mais palatável a água quente e ruim transportada por longas distâncias e por esse motivo era usada nos navios negreiros vindos da África.[10]

A noz-de-cola da Coca-Cola foi substituída por uma substância química sintética em 2016.[11] Isso lembra essas bandas de rock das antigas que, ao longo dos anos, e após inúmeras mudanças de formação por diferenças artísticas e choques de egos, ficam com apenas um dos membros fundadores. O outro componente original da bebida, a folha de coca, usada para fornecer a cocaína (que vinha se somar à cafeína e à teobromina da noz), já havia "deixado a banda" mais de uma centena de anos antes, no início do século XX, quando a empresa decidiu retirá-la da fórmula depois que os efeitos viciantes da cocaína ficaram evidentes.*

A planta da coca, da qual deriva a cocaína, é natural do oeste da América do Sul. Sobretudo na altitude elevada da região andina onde ela é encontrada, as folhas são mascadas ou fervidas como chá pelos povos indígenas para aliviar o esforço do trabalho em um ambiente de pouco oxigênio e mascarar a fome, já que, a exemplo da noz-de--cola, elas inibem o apetite.[12] Essas formas de consumo da planta não causam dependência nem são prejudiciais à saúde e, sobretudo, como no caso dos aspectos sociais do hábito de mascar noz-de-cola, desempenham um importante papel cultural e religioso entre os andinos e outras comunidades indígenas da América Latina.[13] Muitos povos no continente cultivam a planta da coca.

O ex-presidente boliviano Evo Morales (2006 a 2019) — o segundo presidente indígena da história nos países latino-americanos (o primeiro foi Benito Juárez, presidente do México entre 1858 e 1872) — era um agricultor de coca. Ele ganhou proeminência política em sua campanha contra a erradicação forçada do cultivo da planta empreendida pelo governo boliviano no fim dos anos 1990 e início da década seguinte, sob o forte apoio do governo americano, como parte do programa de "Guerra às Drogas".

Em 2005, Morales chegou à presidência na onda de protestos contra as políticas do dito "Consenso de Washington" (formulado em 1989), como disciplina fiscal, liberalização do comércio, desregulamentação e privatização, que pouco haviam feito pelo bem de

---

* Para ser mais preciso, a folha de coca continua na banda, mas apenas como um fantasma. Desde que decidiu remover a cocaína do refrigerante, a empresa utiliza folhas de coca "usadas", cuja cocaína foi completamente extraída, apenas para dar sabor.

seu país nas duas décadas anteriores. Tal conjunto de políticas recebeu esse nome porque elas foram defendidas pelas três organizações econômicas internacionais mais poderosas do mundo sediadas em Washington, DC: o Tesouro americano, o FMI e o Banco Mundial.

Uma vez eleito presidente, Morales estatizou a indústria de gás natural, principal produto de exportação do país. A seguir estatizou (ao menos em parte) serviços públicos como eletricidade, água e ferrovias, elevou os royalties que as companhias de mineração (em sua maioria estrangeiras) pagavam ao governo (na condição de guardião da riqueza mineral da nação) e aumentou os gastos com a previdência social. Muitos economistas previram que suas medidas levariam a uma catástrofe econômica — sendo a estatização de indústrias, as políticas hostis para investidores estrangeiros e a redistribuição de renda as piores coisas que um governo podia fazer para a economia, segundo o Consenso de Washington.

Mas o desempenho boliviano desafiou os céticos. Com as políticas de Morales, o país conheceu uma queda dramática na desigualdade de renda durante seu mandato.* Houve também um notável crescimento econômico nacional — a taxa de crescimento de sua renda per capita foi de 0,5% ao ano no período do Consenso de Washington para 3% ao ano durante a era Morales.

A Bolívia não é o único país na América Latina a ter desafiado o Consenso de Washington e melhorado seu desempenho econômico. Entre o fim dos anos 1990 e meados da década seguinte, partidos de esquerda e centro-esquerda chegaram ao poder em vários países latino-americanos — Argentina, Brasil, Equador,

---

* O coeficiente de Gini da Bolívia (uma maneira comum de medir a desigualdade de renda de um país, em que um valor elevado indica maior desigualdade) caiu de 0,57 para 0,48 entre os dois períodos, segundo dados do Banco Mundial e da Comissão Econômica das Nações Unidas para a América Latina e o Caribe. Agradeço a Mateus Labrunie por coletar e processar esses dados.

Uruguai e Venezuela —, no que ficou conhecido como "maré rosa" ou "guinada à esquerda".*

Nenhum deles foi tão longe quanto a Bolívia, mas os governos de esquerda reverteram diversas políticas "neoliberais"** do Consenso de Washington. Eles elevaram os gastos previdenciários com os pobres, enquanto alguns aumentaram o salário mínimo e fortaleceram os sindicatos, ampliando assim a parcela da renda nacional destinada aos trabalhadores. Alguns também reverteram parcialmente a liberalização do comércio, elevaram os subsídios para indústrias selecionadas e endureceram as regras para investidores estrangeiros (ver "Banana").

Suas políticas desafiaram a previsão da ortodoxia neoliberal e introduziram tanto maior igualdade como crescimento mais rápido. A exceção é a Venezuela sob a presidência incrivelmente desastrosa de Nicolás Maduro. A economia do país entrou em colapso; mas o desempenho econômico venezuelano sob seu predecessor, Hugo Chávez, embora não tão impressionante quanto em outros países da guinada à esquerda, ainda assim foi um avanço em relação às políticas neoliberais da era anterior.***

---

* Os presidentes em questão foram Néstor Kirchner e Cristina Fernández na Argentina; Luiz Inácio Lula da Silva e Dilma Rousseff no Brasil; Rafael Correa no Equador; Tabaré Vázquez, José Mujica e novamente Tabaré Vázquez no Uruguai; e Hugo Chávez e Nicolás Maduro na Venezuela.

** O neoliberalismo é uma versão pós-anos 1980 do liberalismo clássico do século XIX, que perdera força entre a Primeira Guerra Mundial e a década de 1970. Tanto a versão clássica de liberalismo como a "nova" defendem a proteção estrita da propriedade privada, a regulamentação mínima dos mercados, o livre-comércio e a livre movimentação de capital. A nova versão, porém, não é tão abertamente contrária à democracia como a anterior (que sustentava que a democracia permitia às classes sem propriedade destruir a propriedade privada e, assim, o capitalismo), ao mesmo tempo que, à diferença do liberalismo clássico, se opõe ao livre mercado em coisas como moeda (ela defende um banco central forte, com monopólio de emissão de moeda) e ideias (defende uma proteção rígida da propriedade intelectual — ver "Cenoura").

*** A renda per capita estagnou na Venezuela durante o Consenso de Washington (1989-99) e cresceu 1,3% na era Chávez (1999-2012), enquanto a desigualdade de

COCA-COLA

* * *

Não estou dizendo que tudo era um mar de rosas nos países da maré rosa. A desigualdade, embora em queda na maioria deles, permanecia muito elevada para os padrões internacionais. Acima de tudo, os governos latino-americanos de esquerda não se esforçaram o suficiente para desenvolver uma base sólida para o crescimento econômico sustentado fomentando indústrias de alta produtividade que pudessem substituir suas indústrias tradicionais baseadas em recursos naturais, como mineração e agricultura, cujo potencial de crescimento a longo prazo é limitado (ver "Anchova"). O maior fracasso nesse aspecto foi o Brasil. Os governos de Luiz Inácio Lula da Silva e Dilma Rousseff na maior parte deram continuidade às políticas comerciais e industriais da era neoliberal e permitiram que sua outrora poderosa indústria manufatureira declinasse a um ponto sem volta. Ao final desse período de guinada à esquerda, o país se tornou mais dependente das exportações de recursos naturais (como minério de ferro, soja e carne bovina) do que havia sido no auge da era neoliberal.*

Com o fracasso em reduzir sua dependência de mercadorias primárias, os países da guinada à esquerda foram duramente atingidos quando a explosão mundial de preços das commodities da década de 2000, que fora alimentada pelo supercrescimento chinês, chegou ao fim em 2012-3. Como resultado, todos esses governos, exceto o venezuelano (que mergulhou num bizarro simulacro de socialismo sob o governo autocrático de Nicolás Maduro), perderam o poder nas

---

renda, com coeficiente de Gini de aproximadamente 0,45, permaneceu a mesma nos dois períodos. Os dados são das mesmas fontes citadas na nota de rodapé da página 137.

* O setor manufatureiro no Brasil, que representava cerca de 30% de sua produção nacional no fim da década de 1980, declinou para pouco mais de 10% ao final da guinada à esquerda.

eleições da segunda metade da década de 2010, menos na Bolívia, que sofreu um golpe de Estado.

As mudanças de governo, no entanto, não levaram a um restabelecimento do regime neoliberal. Na Argentina e na Bolívia, os partidos de esquerda regressaram ao poder após um breve interlúdio.* No momento em que escrevo, no segundo trimestre de 2022, muitos analistas preveem que um governo de esquerda poderia vencer novamente no Brasil na eleição presidencial de 2022, após o governo desastroso do presidente de direita Jair Bolsonaro e com a volta do ex-presidente Lula à política.**

Além do mais, entre o fim da década de 2010 e o início da década seguinte, alguns países latino-americanos que não haviam seguido a maré rosa começaram a se mover para a esquerda. No México e no Peru, Andrés Manuel López Obrador e Pedro Castillo assumiram a presidência em 2019 e 2021, respectivamente. Em junho de 2022, Gustavo Petro foi eleito o primeiro presidente de esquerda da Colômbia.

O mais significativo nesse aspecto é a vitória de Gabriel Boric, um ex-ativista estudantil de 35 anos, representando a Frente Ampla, uma coalizão de partidos de esquerda, na eleição presidencial chilena de dezembro de 2021. Desde o golpe militar de 1973 o Chile passara a ser um pioneiro do neoliberalismo não só na América Latina como também no mundo, antecipando até as políticas neoliberais de Margaret Thatcher e Ronald Reagan na década de 1980 (ver "Quiabo"). Assim, quando o Chile elegeu Boric, que declarou que o país era "o berço do neoliberalismo, e será também seu túmulo!", foi como se os americanos tivessem votado por banir a Coca-Cola. Nem pensar...

---

* Alberto Fernández, na Argentina, voltou à presidência em 2019 após um mandato, enquanto Luis Arce, na Bolívia, venceu a eleição presidencial em 2020, após um ano de presidência interina de Jeanine Añez, que fora instaurada pelo golpe.
** Em 2022, Lula foi eleito presidente do Brasil pela terceira vez. (N. E.)

* * *

A rejeição das políticas neoliberais do Consenso de Washington foi menos visível em outras partes do mundo em desenvolvimento, como Ásia e África.

Na Ásia, isso aconteceu sobretudo porque os países na região não haviam seguido as políticas do Consenso de Washington tão estritamente quanto os da América Latina. Seu desempenho econômico razoável significou que relativamente poucos deles tiveram de fazer empréstimos pesados junto às instituições de Washington, diminuindo a necessidade da adoção de políticas neoliberais. Além disso, muitos países asiáticos haviam adotado uma abordagem menos ideológica das políticas econômicas, de modo que mesmo quando acolheram as políticas neoliberais elas em geral não foram implementadas em sua forma extrema, como na América Latina.

Os países africanos, apesar de terem sofrido ainda mais que os latino-americanos com as políticas do Consenso de Washington,* acharam mais difícil rejeitá-las abertamente, em função de sua maior dependência de subsídios das instituições norte-americanas. Mesmo assim, na última década, houve um reconhecimento crescente por todo o continente africano da necessidade de um papel muito mais ativo para o Estado do que o recomendado pelo Consenso de Washington.[14]

As políticas neoliberais não funcionaram a contento nem nos países ricos. Durante o período neoliberal, a partir dos anos 1980, eles apresentaram crescimento mais lento, maior desigualdade e cri-

---

* A renda per capita nos países da África subsaariana cresceu 1,6% ao ano durante as décadas de 1960 e 1970, mas apenas 0,3% entre 1980 e 2018. Na América Latina, as taxas de crescimento foram de 3,1% e 0,8%, respectivamente.

ses financeiras mais frequentes do que nas décadas precedentes de "economia mista", em que o governo desempenhou um papel mais ativo — ou seja, mais intrusivo, do ponto de vista neoliberal — em restringir e regulamentar as forças do mercado.*

No entanto, as políticas neoliberais foram de fato desastrosas para os países em desenvolvimento por serem particularmente inadequadas para suas necessidades. Acima de tudo, a ortodoxia neoliberal negava o fato de que eles só conseguem desenvolver suas economias se criarem "espaço" para seus produtores "crescerem" e adquirirem as capacidades para estabelecer indústrias de maior produtividade mediante proteção comercial, subsídios, regulamentação do investimento estrangeiro e outras medidas de apoio governamental (ver "Camarão" e "Banana"). Para piorar, sobretudo nas décadas de 1980 e 1990 as políticas recomendadas pelas instituições de Washington adotaram o que veio a ser desdenhosamente chamado de abordagem de "receita de bolo", em que um mesmo conjunto de medidas era recomendado para todos os países, não importando as diferenças em suas condições econômicas e ambientes sociopolíticos.

O prolongado sucesso da Coca-Cola mostra que um produto bem-sucedido exige clientes satisfeitos, mesmo que haja uma minoria não de todo satisfeita (como eu). Incapaz de satisfazer os clientes, o pacote de políticas do Consenso de Washington, outrora tão dominante no mundo em desenvolvimento, parece fadado a desaparecer no crepúsculo da história.

---

* Ver meu livro anterior, *23 coisas que não nos contaram sobre o capitalismo*.

IV
Viver juntos

11
Centeio

> *Cavalinha com vinagrete em torrada de pão*
> *de centeio (receita minha)*
> *Torrada de pão de centeio com vinagrete à moda*
> *(salsinha, tomate, azeitona e pimenta, com um*
> *pouco de molho de anchova fermentado) e filetes*
> *de cavalinha grelhados*

QUANDO DECIDI FAZER PÓS-GRADUAÇÃO na Grã-Bretanha em meados da década de 1980, a maioria das pessoas que conhecia na Coreia, incluindo meus pais, ficou perplexa, para dizer o mínimo. Na época (como ainda é, embora um pouco menos), estudar fora, para um coreano, significava estudar nos Estados Unidos. Simplesmente não íamos para outros lugares, muito menos a Grã-Bretanha, considerada decadente, que nem sequer tinha ligações históricas com a Coreia (uma vez que meu país fora considerado indigno da famosa atenção aquisitiva do Império Britânico).

Eu queria estudar lá porque me desiludira com a economia neoclássica um tanto quanto limitada e a técnica que era lecionada em meu programa de graduação na Coreia. Na época (infelizmente, hoje isso é raro) os departamentos de economia nas universidades britânicas adotavam uma abordagem mais pluralista do que os dos Estados Unidos — oferecendo cursos nas escolas econômicas keynesiana, marxista e outras —, de modo que a Grã-Bretanha me pareceu um lugar melhor para estudar economia de uma forma mais abrangente.

Quando mencionava o motivo para economistas, professores e amigos, a maioria dizia que eu estava cometendo suicídio profissional — mesmo antes de ter começado. Mas para não economistas a explicação para tal escolha era complicada demais, de modo que quando me perguntavam passei a dar uma resposta pró-forma: sou fã de "romances de dedução" — tradução literal de *churisosurl*, palavra coreana para os romances de detetive — e os melhores desse gênero vinham da Grã-Bretanha. Isso parecia dissuadir as pessoas de fazer mais perguntas, ainda que desse para perceber como me achavam esquisito.

Fui apresentado aos romances de detetive na infância graças às histórias de Sherlock Holmes escritas por Arthur Conan Doyle. Muitos de seus contos, como "A Liga dos Cabeças Vermelhas", me impressionaram pela engenhosidade de seus enredos, ao passo que as cenas aterrorizantes de livros como *O signo dos quatro* e *O cão dos Baskerville* me deixaram assombrado. No ensino médio, li mais de uma centena de "romances de dedução" clássicos — autores como Maurice Leblanc (suas histórias de Arsène Lupin conheceram um brilhante e engenhoso revival com a série da Netflix), Ellery Queen, Georges Simenon, Raymond Chandler, G. K. Chesterton e outros.

Mas, para mim (assim como para muita gente), o mestre indiscutível do gênero era Agatha Christie. Seus 2 bilhões de exemplares vendidos dão prova disso. Com os anos, passei a apreciar um leque mais amplo de romances de crime e espionagem do que as clássicas histórias de detetive que desvendavam enigmas, devorando a obra de autores como John Le Carré, Jo Nesbø, Andrea Camilleri e Fred Vargas, mas depois de quase meio século e diversas releituras ainda me empolgo com a originalidade dos enredos e narrativas de Agatha Christie, como *Os crimes ABC*, *Assassinato no Expresso Oriente*, *Testemunha ocular do crime*, *E não sobrou nenhum* e *Os cinco porquinhos*.*

Entre os livros de Agatha Christie de que mais gosto estava *Um punhado de centeio*, protagonizado por Miss Marple, a solteirona de aparência inofensiva cujos poderes de observação, inteligência afiada e profunda compreensão da psicologia humana fizeram dela uma detetive formidável (embora Hercule Poirot, o arrogante e hiper-racional mas compassivo detetive belga continue sendo meu personagem predileto). A história em si era engenhosa, mas fiquei intrigado também pelo título. Não devido à natureza absurda da rima infantil, "Sing a Song of Sixpence", da qual ele foi extraído (como diversos outros títulos de seus romances). O que me deixou encafifado era o que "centeio" (*homil*, em coreano) queria dizer.

Homil significa "trigo dos nômades do norte" — *mil* significa "trigo" e *ho* é um prefixo que nós, coreanos, aplicamos (às vezes de maneira errônea) a qualquer coisa que acreditamos provir de povos nômades da Ásia Central e Setentrional — de modo que estamos falando de uma faixa gigantesca do continente eurasiano, indo da Manchúria e passando pela Mongólia e pelo Tibete até o Uzbequistão e a Turquia. Então eu sabia que centeio se parecia com trigo, mas não fazia ideia do que era de fato, pois nunca comera nada preparado com o cereal.

---

* Embora não esteja entre seus livros mais conhecidos, é um dos meus favoritos e, a meu ver, injustamente subestimado.

Ao chegar à Grã-Bretanha, *tive* de provar centeio — não podia me permitir permanecer na ignorância em relação ao grão empregado como mecanismo de enredo crucial em uma de minhas histórias de detetive favoritas. Ryvita, a torrada de centeio britânica, foi a primeira coisa que experimentei. Adorei o sabor evocativo de nozes e um pouco amargo do centeio e me acostumei a fazer uma boquinha tarde da noite conforme "ralava" como estudante de pós-graduação. Sem mencionar os diversos pães de centeio. Achei o pão preto de centeio, como o *pumpernickel* alemão, um pouco denso demais para meu gosto, mas adorei os pães mais leves, em especial os que levavam sementes de alcaravia. Mais tarde, em minhas visitas à Finlândia, passei a apreciar cada vez mais as torradas de centeio finlandesas, sobretudo as que eram misturadas com farinha de casca de pinheiro (outrora um alimento usado em períodos de fome; a Finlândia foi o último país europeu a passar por uma fome, entre 1866 e 1868), que dão a sensação de estarmos sob o clima frio de uma floresta setentrional.

O centeio é originário da atual Turquia, mas acabou virando um símbolo dos sistemas alimentícios norte-europeus — um grão duro que prospera no clima setentrional severo, que é inóspito para seu primo mais delicado, o trigo. A Rússia ostenta o título de maior consumidora mundial de centeio, enquanto a Polônia tem o maior consumo per capita, além de ser a maior exportadora do cereal. Mas ninguém tira da Alemanha o título de campeã do centeio, do qual é a maior produtora mundial, com 33%, acima da segunda colocada, a Polônia.[1] O centeio é tão importante para a Alemanha que até em sua historiografia ele figura em um papel de destaque.

O "casamento do ferro e do centeio": assim foi apelidada a aliança política formada por Otto von Bismarck, primeiro chanceler da Alemanha unificada, entre os *Junkers*, a aristocracia fundiária sediada sobretudo na Prússia, e os recém-surgidos capitalistas das indústrias "pesadas", concentrados na Renânia, a oeste.

Em 1879, Bismarck abandonou seus antigos parceiros de coalizão desde a unificação alemã de 1871, os Liberais Nacionais, que apoiavam, entre outras coisas, o livre-comércio, e forjou um novo bloco de poder protecionista, fazendo com que os politicamente poderosos *Junkers*, produtores de centeio, aceitassem a proteção tarifária para as indústrias pesadas da Renânia, como ferro e aço, nesse momento concorrendo com a produção superior dos britânicos. Para isso, ele ofereceu aos *Junkers* proteção tarifária contra os baratos cereais americanos que começavam a inundar os mercados europeus, graças ao número cada vez maior de colonos nas pradarias norte-americanas (pense na série de TV americana *Os pioneiros*, da década de 1970 — ver também "Quiabo") e ao desenvolvimento de ferrovias que podiam transportar cereais das pradarias para os principais portos marítimos na Costa Leste.

Essa aliança concebida pelo Chanceler de Ferro entre os produtores de centeio e ferro catapultou a economia alemã a novas alturas. Permitiu que as novas indústrias pesadas — ferro, aço, maquinário, produtos químicos — crescessem amparadas pelo protecionismo e acabassem alcançando os principais produtores britânicos, ainda que isso significasse um alimento mais caro do que teria sido se o livre-comércio imperasse na agricultura (mas ao mesmo tempo a maioria das pessoas tinha uma renda maior como resultado da industrialização bem-sucedida da Alemanha, de modo que os preços mais altos dos alimentos não faziam tanta diferença).

O legado de Bismarck não terminou com o desenvolvimento das indústrias pesadas alemãs. Outro legado seu exerceu impacto ainda maior — e muito além da Alemanha: a criação do Estado de bem--estar social.

Muita gente acha que o Estado de bem-estar social é produto de forças políticas "progressistas", como os democratas do New Deal nos Estados Unidos, o Partido Trabalhista britânico ou os partidos social-democratas escandinavos, mas na verdade foi Bismarck, um ultraconservador, o primeiro a criá-lo. Em 1871, logo após unificar a Alemanha, que até então se dividia em dezenas de entidades políticas (por volta de trezentas, se recuarmos até o século XVIII), Bismarck introduziu um programa de seguros para proteger trabalhadores de acidentes industriais. Embora não fosse universal e cobrisse apenas uma gama limitada de operários, foi o primeiro programa desse tipo no mundo.

Após consolidar seu poder com o casamento do ferro e do centeio em 1879, Bismarck acelerou sua investida na previdência pública introduzindo o seguro-saúde em 1883 e a aposentadoria em 1889 — ambos sem precedentes no mundo. Em 1884, ampliou seu seguro contra acidentes industriais anterior para cobrir todos os trabalhadores. A Alemanha pode não ter conseguido introduzir o primeiro seguro-desemprego (essa honra cabe à França), outro pilar do Estado de bem-estar social moderno, mas Bismarck merece o crédito por criar o primeiro Estado de bem-estar social da história.*

Bismarck não agiu assim por ser "socialista", como qualquer um que apoie o Estado de bem-estar social provavelmente seria chamado hoje em dia. Sua aversão ao socialismo era famosa. Entre 1878 e 1888, ele manteve as denominadas leis antissocialistas, que impunham restrições pesadas às atividades do Partido Social-Democrata, embora não chegassem a bani-lo por completo. Mas Bismarck tinha plena consciência de que, a menos que os trabalhadores recebessem proteção contra atribulações sérias da vida (como acidentes de trabalho, doenças, velhice, desemprego etc.), seriam atraídos para o socialismo.

---

* A Alemanha introduziu o seguro-desemprego em 1927, quando vários países já o haviam feito, a começar pela França, em 1905.

Em outras palavras, ele deu início a programas públicos que muitas pessoas hoje consideram "socialistas" com a finalidade de manter o socialismo à distância.

Exatamente por esse motivo, muitos socialistas, sobretudo na Alemanha, no começo foram contra o Estado de bem-estar social. Eles viram nisso uma maneira de "comprar" os trabalhadores e impedi-los de derrubar o capitalismo com uma revolução e estabelecer o socialismo. Porém, com o tempo, as tendências reformistas superaram as revolucionárias dentro dos movimentos de esquerda, e os partidos de esquerda vieram a aceitar e promover de maneira ativa a expansão desse sistema, em especial após a Grande Depressão. Ao final da Segunda Guerra Mundial, até mesmo muitos partidos de centro-direita europeus acabaram adotando o Estado de bem-estar social, conforme percebiam que proporcionar segurança a cidadãos comuns era vital para atingir a estabilidade política, sobretudo diante da competição sistêmica dos países do bloco soviético.

Não só a origem do Estado de bem-estar social é mal compreendida como também a própria natureza do sistema.

O equívoco mais comum sobre o Estado de bem-estar social é que sua principal função seria dar as coisas "de mão beijada" para os mais pobres — auxílio financeiro, aposentadoria e pensões, financiamento habitacional, assistência médica, seguro-desemprego e assim por diante. As pessoas acreditam que esses benefícios são bancados com os impostos pagos pelos ricos. O sistema é visto como um veículo para os pobres se aproveitarem deles, como evidenciado na expressão britânica cada vez mais comum, *"welfare scroungers"* [parasitas da previdência social], usada contra quem recebe ajuda do Estado.

Mas os benefícios previdenciários *não* são gratuitos. Todos pagam por eles. Muitos desses benefícios recebidos pelas pessoas são financiados por contribuições à "seguridade social" — ou seja, pagamentos vinculados a planos de seguro específicos contra coisas como velhice e desemprego — feitas pela maior parte dos contribuintes. Além disso, a maioria paga imposto de renda, embora os pobres contribuam com uma proporção menor de seus rendimentos do que os ricos (a menos que vivam em um país de "imposto único"). E mesmo os mais pobres, isentos de pagar imposto de renda ou de contribuir com a seguridade social, pagam "impostos indiretos" quando compram coisas — sobre valor agregado, vendas gerais e tarifas de importação, entre outros.[2] Na verdade, esses impostos são proporcionalmente mais onerosos para os pobres. No Reino Unido, por exemplo, em 2018, 27% da renda dos 20% das famílias mais pobres foram destinados a impostos indiretos, enquanto para os 20% das famílias mais ricas essa proporção foi de cerca de apenas 14%.[3]

Visto dessa forma, ninguém está recebendo nada de graça com o Estado de bem-estar social.* Se algo *parece* gratuito, é por ser "gratuito no ponto de acesso". Por exemplo, na Grã-Bretanha, graças à cláusula da socialização da saúde do Serviço Nacional de Saúde (National Health Service, NHS), a pessoa não precisa pagar toda vez que vai a um hospital. Mas tem de pagar pelos serviços hospitalares (e continuar a fazê-lo no futuro) mediante seus impostos e contribuições à seguridade social.

O Estado de bem-estar social deve ser compreendido como um pacote público de seguros, que cobre eventualidades que podem acontecer a qualquer um, adquirido coletivamente por todos os cidadãos. Pode haver (ou não, dependendo de como o sistema tributário

---

* A menos que sejam corporações que pagam menos que o salário mínimo a seus trabalhadores, obrigando-os a depender da previdência social para sobreviver, ao mesmo tempo que não recolhem sua cota justa de impostos, investindo seus lucros em paraísos fiscais.

e a previdência são planejados) um elemento de redistribuição de renda, mas esse não é seu papel principal.

O fundamental do Estado de bem-estar social é que, como cidadãos (e residentes de longo prazo), recebemos todos o mesmo pacote de seguros a um preço mais baixo por adquiri-los em conjunto. A melhor forma de ilustrar esse ponto é comparar o custo da saúde nos Estados Unidos — único país rico sem seguro-saúde público e universal — ao de outros países ricos.

Em termos de proporção do PIB, os Estados Unidos gastam pelo menos 40% mais e duas vezes e meia mais em saúde do que outros países com riqueza similar (17% do PIB comparado a uma faixa de 6,8% para a Irlanda e 12% para a Suíça).[4] Não obstante, o país tem o pior histórico de saúde pública do mundo rico, significando que o sistema de saúde é muito mais caro ali do que em outros países ricos. Há várias explicações para isso,* mas um motivo importante é que o sistema de saúde americano é fragmentado e, portanto, não consegue se beneficiar de aquisições coletivas tanto quanto outros países ricos com saúde pública mais unificada. Por exemplo, cada hospital (ou rede hospitalar) tem de adquirir seus próprios medicamentos e equipamentos, em vez de comprá-los por meio de um sistema nacional que se beneficie de um desconto por "compra de pacote", enquanto as empresas de seguro-saúde (que além de cobrar

---

* Por exemplo, a maior desigualdade de renda nos Estados Unidos cria proporcionalmente um grupo maior de pessoas com maior estresse e dieta ruim. A maior desigualdade também gera uma "ansiedade de status" mais forte, acarretando impactos negativos para a saúde, segundo o famoso livro *The Spirit Level: Why Greater Equality Is Better for Everyone* [O nível: Por que uma sociedade mais igualitária é melhor para todos], de Richard Wilkinson e Kate Pickett. Quanto mais poderosa a indústria de alimentos processados, mais prejudicial à saúde é a alimentação do americano. O modo como as cidades americanas foram construídas resulta em muitos "desertos alimentícios", com acesso limitado a alimentos baratos e nutritivos.

prêmios mais altos são entidades voltadas ao lucro) precisam ter seu sistema de administração próprio, não um sistema unificado que se beneficie de uma "economia de escala". Alguns talvez não estejam convencidos desse argumento de "economizar coletivamente nos custos", mas todo mundo que já participou de um esquema de compra coletiva, como o Groupon, de certa forma assimilou a ideia por trás do Estado de bem-estar social.

O Estado de bem-estar social se tornou a maneira mais efetiva de lidar com a inevitável insegurança criada pelo capitalismo em sua busca de dinamismo econômico. Além disso, se bem planejado, ele pode deixar as economias capitalistas ainda mais dinâmicas, na medida em que diminui a resistência da população a novas tecnologias e novas práticas trabalhistas — os países nórdicos são o melhor exemplo disso (ver "Morango").[5] Não admira que o Estado de bem-estar social esteja se disseminando e crescendo, a despeito dos ataques contínuos que sofre da ideologia neoliberal desde a década de 1980.*

As populações dos países ricos devem sua segurança — e prosperidade — a um grão humilde e duro que é com frequência considerado inferior a seu primo mais famoso, o trigo. Pois sem a proteção ao centeio cultivado pelos proprietários de terras prussianos, Bismarck talvez não houvesse forjado a aliança política que o capacitou a construir o primeiro Estado de bem-estar social do mundo.

---

* Em 1930, o Estado de bem-estar social (ou, mais tecnicamente, os gastos sociais, que incluem auxílio financeiro para os pobres, seguro-desemprego, aposentadoria, subsídios para a saúde e a habitação) em geral correspondia a 1% a 2% do PIB nos atuais países ricos, com a Alemanha tendo o maior de todos, em 4,8%. Em 1980, esses países destinavam em média 15,4% do PIB aos gastos sociais. Atualmente (período de 2010 a 2016), essa proporção é de 20,8%.

12
Frango

> *Grelhado de frango com harissa e legumes*
> *(receita minha)*
> *Pedaços de frango, berinjela, abobrinha*
> *e cebola marinados em harissa, azeite e sal,*
> *e depois grelhados*

POBRES GALINHAS. NINGUÉM AS LEVA A SÉRIO. Não sei de nenhuma cultura que as venera, como fazem os hindus em relação às vacas. Tampouco há culturas que as menosprezam, como muçulmanos e judeus no que se refere ao porco. O frango nem sequer é rejeitado de maneira adequada. Há povos que evitam determinadas carnes não por algum tabu religioso ou cultural, mas por questão de gosto — hindus podem comer carne de porco, embora quase nunca o façam, enquanto muitos coreanos simplesmente se recusam a comer cordeiro, mesmo que não haja tabu algum a respeito. Mas todo mundo que come carne parece disposto a comer frango.

Essa aceitação universal do frango talvez se deva em parte ao perfil discreto do próprio animal — uma ave pequena e relativamente dócil, não uma criatura corpulenta como vacas, cavalos e porcos, nem rija e obstinada como ovelhas e cabras. Mas deve ter a ver sobretudo com sua versatilidade como fonte de proteína, por seu sabor mais para neutro e sua facilidade de preparo. E de fato ele é preparado de todas as formas concebíveis — empanado e mergulhado em óleo (*Southern fried chicken* americano, *tori kara-age* japonês, frango *yangnyum* coreano), frito (pratos chineses, tailandeses e tantas outras iguarias nacionais que é impossível enumerar), cozido (coq au vin francês ou frango *tagine* do Norte da África), assado (diversas versões europeias de frango assado ou frango *tandoori* da Ásia Meridional), grelhado (frango *satay* malaio ou tailandês, frango *piri-piri* afro-português), defumado (*jerk chicken* jamaicano), ensopado (*sam-gyetang* coreano — frango ensopado com arroz glutinoso e raiz de ginseng — ou o caldo de frango judaico). Como você preferir. Já cheguei até a comer sashimi de frango em um restaurante no Japão onde todos os pratos levavam esse ingrediente.

Devido a seu status de carne universal por excelência, não surpreende que o frango seja a opção preferida das linhas aéreas, que precisam atender a um monte de costumes e tabus dietéticos diferentes no espaço confinado de uma aeronave. Mas, na era soviética, a companhia aérea russa Aeroflot parece ter levado essa escolha ao extremo.

Quando era aluno de pós-graduação em Cambridge no final da década de 1980, tive um amigo indiano que costumava viajar para casa pela Aeroflot, via Moscou. A companhia aérea era péssima em todos os aspectos concebíveis (conforto, pontualidade, atitude da tripulação e assim por diante), mas muitos indianos aturavam esse fato estoicamente, uma vez que suas passagens eram baratíssimas. Segundo meu amigo, a única refeição oferecida a bordo era um frango esbranquiçado e insosso de aspecto insalubre e pele arrepiada. Em um desses voos, meu amigo escutou outro passageiro indiano perguntar a uma comissária de bordo se havia alguma opção além de frango — porque ele era, bem, vegetariano. A réplica engraçadinha da mulher foi: "Não. Na Aeroflot somos todos iguais. É uma companhia aérea socialista. Ninguém recebe tratamento especial".

A resposta da comissária de bordo foi uma versão extrema do princípio socialista de que todo mundo deveria receber tratamento igual, pois todo ser humano tem o mesmo valor. De modo que, independentemente de se tratar de ministros do governo, médicos, mineiros de carvão ou faxineiras, todos deveriam receber a mesma ração de pão, açúcar, linguiça, um par de sapatos por ano e outras coisas mediante provisões coletivas. Nada de tratamentos especiais.*
Essa visão de igualdade e justiça oferece um sério problema.
De fato, como seres humanos, temos todos as mesmas "necessidades básicas"; necessitamos de água limpa, abrigo, alimentos nutritivos. Nesse sentido, o princípio socialista é um importante libelo contra as práticas de sociedades feudais e capitalistas, em que uns morrem de fome enquanto outros se esbaldam no luxo. Contudo, assim que nos afastamos do básico, nossas necessidades começam a divergir com rapidez, e tratar todo mundo da mesma forma passa a ser problemático.

---

* Isso era assim na teoria. Na prática, era bem diferente. Não apenas havia substanciais diferenças de remuneração entre as pessoas (embora bem menores do que nos países capitalistas) como também a elite política recebia tratamento especial — moradias melhores, acesso a lojas especiais com produtos melhores (em geral importados) e oportunidades de viajar para países capitalistas (onde podiam, entre outras coisas, comprar produtos de luxo indisponíveis para a população russa em geral).

Peguemos, por exemplo, o caso do pão — um item alimentar básico em muitas sociedades. Distribuir uma mesma quantidade diária de pão talvez soe justo em tempos de grave carestia (como a União Soviética durante a escassez pós-coletivização agrícola de 1928 a 1935 ou o Reino Unido no pós-guerra entre 1946 e 1948). Mas isso não pode ser considerado justo se o pão for feito com trigo fermentado, que algumas pessoas simplesmente não podem ingerir — quer por sofrerem de doença celíaca, quer por serem judeus observantes do Pessach. Outro exemplo seria oferecer banheiros masculinos e femininos do mesmo tamanho em um edifício público: isso pode até soar imparcial, considerando que a população humana se divide grosso modo meio a meio entre homens e mulheres, mas é bastante injusto, uma vez que as mulheres devem dispor de mais tempo e espaço na ida ao banheiro — daí as filas intermináveis formadas diante dos banheiros femininos em cinemas, salas de concerto e outros locais.

Em suma, tratar da mesma maneira pessoas com necessidades diferentes — servindo frango para vegetarianos e pão de trigo a celíacos, alocando instalações sanitárias iguais para homens e mulheres — é em essência injusto. Ao contrário do que pensava a comissária de bordo da Aeroflot, tratar pessoas com diferentes necessidades de forma diferente não significa lhes dar tratamento especial. É uma das condições mais importantes da equidade. Ao oferecer opções vegetarianas nas refeições em um voo, pão sem glúten ou banheiros femininos mais apropriados, não estamos mostrando favoritismo a vegetarianos, celíacos ou mulheres, respectivamente. Estamos apenas os colocando em pé de igualdade com os demais no atendimento de suas necessidades básicas.

Curiosamente, aqueles no extremo oposto do espectro político socialista, ou seja, os economistas de livre mercado, exibem uma visão tão limitada quanto essa sobre a igualdade e a justiça, embora num sentido totalmente diferente.

Os economistas de livre mercado argumentam que o sistema socialista não funcionou porque tentou combater a desigualdade remunerando todos igualmente (nunca foi "igual", a não ser em casos extremos como a China maoista ou o Camboja sob o Khmer Vermelho), a despeito do fato de pessoas diferentes contribuírem de formas bastante diferentes para a economia. Em uma sociedade, observam os adeptos do livre mercado, há inventores, banqueiros de investimento, neurocirurgiões, artistas, todos dando imensa contribuição à economia. Quanto ao resto, a maioria é competente no que faz, ao passo que outras pessoas se prestam apenas aos trabalhos mais básicos. Nessas circunstâncias, argumentam eles, tentar combater a desigualdade com a imposição de uma faixa salarial estreita para todo mundo é a receita para um desastre. Além de ser injusto com os mais capazes que recebem menos (às vezes, muito menos) do que sua contribuição merece, isso também é socialmente contraproducente, porque leva os mais capazes a perder a motivação para trabalhar duro, investir e inovar. Tal coisa só pode resultar em uma igualdade na pobreza, defendem os economistas de livre mercado.

Portanto, esses economistas afirmam que devemos permitir aos indivíduos competir no máximo de suas capacidades e aceitar o resultado da competição, mesmo que isso ocasione uma distribuição de renda capaz de parecer excessivamente desigual na opinião de alguns. Esse é o sistema mais produtivo e justo, dizem: mais produtivo porque os indivíduos terão o maior incentivo para maximizar os resultados de seu trabalho, e mais justo porque serão recompensados de maneira proporcional a sua contribuição para a economia.

A validade do princípio de remunerar as pessoas segundo sua contribuição tem uma importante condição prévia: a chance de todos tentarem obter os melhores trabalhos possíveis. Ou seja, é preciso haver igualdade de oportunidades.

Essa não é uma condição trivial. No passado, muitas sociedades impunham restrições formais às escolhas de ensino e ocupações das pessoas por motivos de casta, gênero, raça e religião (ver "Bolota"). As universidades de Oxford e Cambridge não aceitavam não anglicanos (como católicos, judeus, quacres) até 1871 e só passaram a conceder diplomas a mulheres em 1920 e 1948, respectivamente.* Sob o apartheid na África do Sul, pessoas negras e "de cor" (termo do apartheid para pessoas de origem étnica mista) eram obrigadas a estudar em universidades de não brancos superlotadas e com grave carência de verbas, o que na prática impossibilitava seus alunos de obter empregos decentes.

Hoje em dia, quase todas essas discriminações formais foram abolidas, mas nenhum país conquistou uma verdadeira igualdade. No local de trabalho, mulheres não recebem as mesmas oportunidades que homens com base na visão sexista de que são menos propensas a pôr a carreira acima da família, quando não na visão puramente ofensiva de que são por natureza inferiores. A discriminação racial na educação, no mercado de trabalho e no local de trabalho continua a se propagar em todas as sociedades multirraciais, que dão maiores oportunidades a pessoas menos capazes de origem étnica majoritária em detrimento de pessoas mais capacitadas de origem minoritária.

A discriminação pode até ser em parte autoimposta. Em muitas sociedades, algumas carreiras são na maioria consideradas "masculinas" — ciências, engenharia, economia — e inúmeras jovens mulhe-

---

* Não anglicanos só foram admitidos nas universidades de Oxford, Cambridge e Durham após 1871. Mulheres puderam estudar em Oxford e Cambridge a partir do fim do século XIX, mas sem direito à graduação.

res "optam" por não as seguir mesmo quando suas aptidões poderiam fazer delas candidatas adequadas.* Em meu programa de graduação em economia na Coreia do Sul, no início da década de 1980, havia apenas seis mulheres em um grupo de mais ou menos 360 alunos, enquanto a faculdade de engenharia tinha apenas onze mulheres em um grupo de mais de 1200 alunos.** Não havia nenhuma regra formalizada que impedisse mulheres de estudar engenharia ou economia, mas muitas jovens brilhantes preferiam estudar disciplinas mais "femininas", como literatura inglesa ou psicologia, porque a sociedade em que foram criadas as levara a achar que eram mais indicadas para elas.***

Em outras palavras, se algumas pessoas são impedidas, em termos formais e informais, até de competir pelos melhores cursos e carreiras devido a características que nada têm a ver com sua capacidade para essas ocupações (como gênero, religião e raça), o resultado da competição não pode ser tido como o mais produtivo ou justo. A igualdade de oportunidades é vital.

---

* No entanto há uma considerável variação de país para país. A engenharia é uma das áreas mais dominadas por homens, mas 50% dos formados nessa disciplina em Chipre são mulheres, ao passo que em países como Dinamarca e Rússia essa proporção é de 36% e 38%, respectivamente. Já na Coreia e no Japão, ela fica apenas em 5% a 10%. Os dados são da Unesco.

** Fico feliz em anunciar que hoje em dia a proporção de mulheres na economia em minha antiga universidade gira em torno de 30% a 40%, enquanto na faculdade de engenharia aumentou para cerca de 15%. Continua longe do ideal, mas é bem melhor do que há quarenta anos.

*** A ênfase nessa coibição autoimposta não significa dizer que tais escolhas se devem de todo ao fato de alunas "internalizarem" normas sociais sexistas (nem necessariamente que esse seja o principal motivo). Algumas mulheres que desistem de seguir uma carreira "masculina" podem tê-lo feito devido à sujeição aos pais, enquanto outras talvez receassem a desaprovação de parentes e amigos. Agradeço a Pedro Mendes Loureiro por levantar essa questão.

Agora, vamos imaginar que, em alguma sociedade futura (esperamos que não tão distante assim), consigamos de algum modo proporcionar oportunidades de fato igualitárias para todos competirem. Além disso, vamos presumir também que todo mundo joga segundo as mesmas regras (na prática, as regras são muitas vezes manipuladas — basta pensar nos alunos admitidos no ensino superior americano com base no "legado", que recebem a preferência de determinada vaga porque seus pais ou avós frequentaram a universidade para a qual estão se candidatando). Podemos dizer nesse caso que deveríamos aceitar qualquer desigualdade existente em tal sociedade porque todo mundo tem a mesma chance de competir no mesmo jogo segundo as mesmas regras?

Infelizmente, nem assim podemos.

Isso acontece porque o fato de todos terem oportunidades iguais para competir sob as mesmas regras não significa que a competição seja verdadeiramente justa. Não dizemos que uma corrida é justa só porque todos os atletas partem da mesma linha de largada se alguns deles tiverem apenas uma perna ou forem cegos de um olho.* Da mesma forma, na vida real, o fato de todo mundo, em tese, ter a mesma oportunidade de concorrer a qualquer ocupação de sua escolha não torna a concorrência justa se alguns candidatos carecem das mínimas capacidades necessárias; alguns podem sofrer de desenvol-

---

* De fato, em esportes na vida real, levamos as diferenças nas potenciais capacidades dos competidores extremamente a sério e fazemos todo tipo de coisa para ter disputas verdadeiramente justas. Além de Paralimpíadas, há as divisões por gênero, faixa etária e categoria de peso. Sobretudo em esportes com categorias de peso, como boxe, luta greco-romana, tae kwon do e levantamento de peso, o entendimento do que constitui uma competição justa pode ser extremamente rigoroso. Por exemplo, nas categorias mais leves do boxe, a faixa de peso vai de 1,5 a dois quilos, ou seja, achamos que um lutador apenas um pouco mais pesado do que outro conta com uma vantagem tão injusta que não permitimos ambos num mesmo ringue.

vimento cerebral prejudicado por problemas de desnutrição na infância, enquanto outros talvez tenham estudado em escolas de nível inferior porque cresceram em áreas carentes sem subsídios adequados para o sistema de ensino. Ou seja, a igualdade de oportunidades não significa nada, a menos que todos os membros das sociedades tenham as capacidades mínimas necessárias para aproveitá-las.

Assim, se esperamos fazer com que a corrida da vida seja de fato justa, precisamos assegurar que todas as crianças desenvolvam capacidades mínimas antes de participarem da prova. Isso requer que desfrutem adequadamente de nutrição, assistência médica, educação e lazer (cuja importância para o desenvolvimento infantil é cada vez mais reconhecida). O que, por sua vez, requer que as diferenças de circunstâncias dos responsáveis pelas crianças — pais, parentes, tutores — não sejam grandes demais. Quer dizer, a menos que releguemos todas as crianças a creches coletivas, como em *Admirável mundo novo*, de Aldous Huxley, ou na atual Coreia do Norte (embora mesmo por lá haja creches melhores para a elite política, conforme vim a saber). Em outras palavras, apenas igualdade de oportunidades não basta; precisamos de um grau relativamente alto de igualdade de resultados.

Uma maior igualdade de resultados pode ser atingida mediante a regulamentação dos mercados. Algumas regulamentações protegem os economicamente fracos dos fortes. É o que ocorre na Suíça e na Coreia do Sul, que combatem sua desigualdade de renda protegendo pequenas fazendas (por exemplo, restringindo as importações agrícolas) ou pequenos comércios (por exemplo, restringindo grandes varejistas). O combate à desigualdade também pode ser feito mediante regulamentações financeiras (por exemplo, restringindo atividades especulativas de alto lucro, mas de alto risco) ou regulamentações do mercado de trabalho (por exemplo, determinando um salário mínimo decente e aumentos no auxílio-doença). Porém, como podemos perceber nos casos de Estados de bem-estar social europeus altamente igualitários, uma maior igualdade de resultados é obtida de maneira mais efetiva com a redistribuição por meio do Estado — seja mediante transferências diretas de renda, seja garantindo igual acesso a "serviços básicos" de qualidade, como educação, saúde e água (ver "Centeio").

O debate sobre a desigualdade foi conduzido de maneira enganosa por tempo demais porque as pessoas só pensaram nos resultados e nas oportunidades, negligenciando as necessidades e capacidades. A esquerda acha que igualar o resultado para todo mundo é a coisa justa a fazer, ignorando que diferentes indivíduos têm diferentes necessidades e capacidades. A direita acha que a igualdade de oportunidades é suficiente, sem perceber que uma competição realmente justa exige relativa igualdade de capacidades entre os indivíduos, impossível de ser assegurada sem um grau considerável de igualdade de resultados entre a geração dos pais deles, obtida por meio da redistribuição de renda, garantia de acesso a serviços básicos de qualidade e regulamentação dos mercados.

Não queremos voar em uma companhia aérea que acha justo servir frango para vegetarianos. Entretanto, tampouco queremos voar em uma companhia aérea que oferece um cardápio de alternativas para atender aos diferentes gostos e necessidades (e quem sabe até mais de um tipo de prato de frango?), mas apenas ao custo de uma passagem que poucos podem pagar.

13
Pimenta

> *Kimchi de pimenta (coreano, receita
> de minha sogra)*
> *Pimentas verdes conservadas em pimenta-*
> *-malagueta em pó, alho picado e myulchi-jut*
> *(molho de anchova fermentado coreano)*

MUITA GENTE TEME O SABOR PICANTE DA PIMENTA. É compreensível. Para quem não está acostumado, a sensação de calor pode causar uma série de desconfortos — ardor na boca, lacrimejamento, suores, até câimbras intestinais. Entre as populações que vivem no que chamo de "Cinturão da Pimenta" — do México (de onde vem o nome *"chilli"* [pimenta]), Peru, Caribe, Norte da África, Ásia Meridional, Sudeste Asiático e China ao norte da Coreia —, a ideia de fazer uma refeição sem o prazer intenso de uma pimenta queimando é impensável.

A ardência da pimenta não é de fato um sabor, mas uma reação dolorosa. Trata-se na verdade de um truque químico muito sofisticado do fruto (sim, fruto!) da pimenteira. Apesar da queimação que causa, em especial em nossas membranas, a capsaicina, principal fonte da picância da pimenta, *não* acarreta nenhum dano direto aos tecidos. Apenas tapeia nosso cérebro, levando-o a acreditar que o corpo está sofrendo algum dano. Ela faz isso ligando-se a um de nossos receptores sensórios que "permite ao corpo detectar extremos de temperatura, o contato com substâncias ácidas ou corrosivas ou o efeito de qualquer tipo de abrasão ou fricção".[1]

O ardor da pimenta desperta tanto interesse que uma escala especial foi inventada para medi-lo. É a chamada escala de Scoville, que leva o nome de seu criador, Wilbur Scoville, um farmacêutico americano que teve a ideia em 1912. A escala mede o "calor" de uma pimenta mediante a extração de seus componentes picantes (capsaicinoides): dissolvendo uma pimenta seca em álcool, diluindo-a em água com açúcar e submetendo-a a um júri de cinco degustadores que decidirá sobre o grau de picância.[2] De acordo com esse sistema, se a maioria (ou seja, três em cinco) dos degustadores não conseguir detectar a sensação de calor quando uma parte de uma pimenta específica é diluída em, digamos, 10 mil partes de água, a pimenta recebe uma pontuação de 10 mil unidades de calor de Scoville (Scoville Heat Units, SHUS).*

Embora não tão precisa quanto a escala de Scoville, uma escala de picância mais intuitiva foi desenvolvida pelos restaurantes do Cintu-

---

* O pimentão tem menos de cem SHUS, a pimenta *cheongyang* (uma variedade mais picante de pimenta coreana) varia de 10 mil a 25 SHUS, a pimenta tailandesa olho-de-pássaro, de 50 mil a 100 mil SHUS. As pimentas *habanero*, dependendo da variedade, vão de 100 mil a 750 mil SHUS. A *Carolina Reaper*, com 2,2 milhões de SHUS para a amostra mais picante, é considerada a pimenta mais ardida do mundo pelo *Guiness World Records*.

rão da Pimenta em países onde a comida nativa é amena, para ajudar os fregueses a se precaver contra a queimação. A escala vai de zero a duas ou três ilustrações de pimenta junto aos pratos do cardápio, indicando seu teor de picância.

Um restaurante sichuanês em Londres que conheci no início da década de 2000 com meu amigo Duncan Green, o renomado ativista do desenvolvimento,* empregava uma escala de pimenta bastante extensa; seus símbolos de picância iam de zero a cinco. A maioria dos pratos de Sichuan contém pimenta de alguma forma (fresca, seca, moída, em conserva, bem como adicionada na forma de pasta de feijão com pimenta e óleo de pimenta),[3] de modo que o restaurante deve ter notado que era necessária uma graduação mais refinada do que as costumeiras duas ou três pimentas para distinguir de modo adequado suas preparações em termos de ardência.

Como bom coreano, eu queria ir direto para as porções com cinco símbolos, mas me contive e pedi opções com menos, pois Duncan não era muito resistente para pimenta. Embora animado com o desafio de saborear comida picante, Duncan pediu um prato sem nenhuma ilustração de pimenta, só por garantia. Concordei que era uma atitude de bom senso — na pior das hipóteses, se achasse os demais pratos picantes demais, ao menos não passaria fome.

Mas quando a comida chegou, Duncan ficou pálido. Seu prato "sem pimenta" vinha com cinco ou seis pimentas secas do tamanho de um dedo mindinho, fritas. Perplexo, ele perguntou à garçonete se não havia algum engano. A mulher respondeu que não, e quando Duncan protestou que pedira um prato sem pimenta, ela lhe explicou que a ausência do símbolo não significava que o prato não conti-

---

* Duncan também é pioneiro no campo recente da "ciência de mudança social". Ver seus livros *Da pobreza ao poder: Como cidadãos ativos e Estados efetivos podem mudar o mundo* e *How Change Happens* [Como acontece a mudança].

nha pimenta alguma. O símbolo, disse ela com a paciência de uma professora se dirigindo a um aluno particularmente lerdo, apenas indicava a picância relativa, não a quantidade do condimento que havia no prato.

Resignado com seu destino, o pobre Duncan tirou as pimentas do prato, mas parte dos capsaicinoides já fora transferida para a comida, deixando-a mais picante do que ele estava acostumado. Quanto aos outros pratos, para seu crédito, ele experimentou todos e gostou, a despeito de algum suor e lágrimas.

A história teve um final feliz. Duncan passou a gostar cada vez mais de pimenta e voltou diversas vezes ao lugar, que acabou se tornando um de seus restaurantes prediletos.

Quando algo é onipresente, não nos damos mais conta de sua presença. E quando não nos damos conta da presença de algo, deixamos de contabilizá-lo, como a pimenta na "escala de picância" do restaurante sichuanês londrino. O supremo exemplo dessa categoria na economia é o trabalho doméstico ou comunitário de cuidados e outros serviços não remunerados.

O indicador de produtividade econômica mais amplamente utilizado, o PIB, contabiliza apenas bens e serviços produzidos no mercado.[4] Como qualquer outro indicador em economia, ele tem seus problemas, mas o maior deles é se basear numa perspectiva demasiado "capitalista" de que, como diferentes pessoas atribuem diferentes valores a uma mesma coisa, a única maneira de decidir em que medida algo é valioso para a sociedade é verificar seu preço obtido no mercado.

Essa prática de considerar apenas atividades comercializáveis torna invisível uma imensa faixa das atividades econômicas. Nos países em desenvolvimento, significa que grande parcela da produção agrícola não é contabilizada porque muitos habitantes da zona rural consomem pelo menos parte do que produzem. Como essa proporção da produção agrícola não é negociada no mercado, ela não entra nas estatísticas do PIB. Tanto nos países ricos como nos países em desenvolvimento, esse indicador de produtividade baseado no mercado significa que atividades não remuneradas de cuidados e outros serviços, tanto domésticos como comunitários, não entram no cálculo da produção nacional — parir e criar filhos, ajudá-los com os estudos, cuidar de idosos e deficientes, cozinhar, limpar a casa, lavar a roupa e administrar o lar (envolvendo o que a socióloga americana Allison Daminger chama de "trabalho invisível").[5] Essas atividades são negligenciadas, a despeito do fato de que representariam de 30% a 40% do PIB se avaliadas a preços de mercado.*[6]

O absurdo de desconsiderar tais atividades pode ser percebido por meio de um simples experimento mental.** Se duas mães trocassem de filhos e remunerassem uma à outra para cuidar deles com os (mesmos) valores vigentes por esse tipo de serviço (de modo a não serem afetadas em termos financeiros), o PIB cresceria, embora a quantidade de cuidados infantis permanecesse a mesma.*** Em um nível mais conceitual, é profundamente problemático não contabilizar essas atividades sem as quais a sociedade humana, para não mencionar a economia (que está inserida na sociedade), não pode existir, antes de mais nada.

---

* No contexto Brasil, dados da Pesquisa Nacional por Amostra de Domicílio Contínua (Pnad Contínua) de 2016 a 2022 mostram que as mulheres relataram dedicar, em média, 21,3 horas por semana às tarefas domésticas, quase o dobro dos homens (11,1 horas). Caso todas essas horas fossem remuneradas, e esse trabalho deixasse de ser invisível, o PIB cresceria 13,1% por ano no período. (N. E.)

** Esse experimento não foi inventado por mim, mas não me lembro de onde o vi pela primeira vez.

*** E, na verdade, essas mães podem aumentar ainda mais o PIB simplesmente cobrando mais uma da outra.

Considerando que o grosso dos cuidados não remunerados é feito por mulheres, excluí-los do cálculo significa uma grande subvalorização da contribuição feminina para a economia — e a sociedade. Essa "invisibilidade" do trabalho doméstico é tão grave que usamos a expressão "mãe que trabalha fora", como se mães que ficam em casa não trabalhassem. Isso reforça o preconceito sexista de que mulheres não fazem nada quando ficam em casa, quando a quantidade de esforço dedicado ao trabalho doméstico é com frequência muito maior do que o trabalho remunerado de seus parceiros masculinos. Deveríamos nos referir às mães que trabalham fora como tendo "um trabalho remunerado", de modo a avançar no pleno reconhecimento social do serviço doméstico.

A desvalorização do trabalho doméstico não é apenas uma questão de reconhecimento social. Ela tem consequências materiais para as mulheres, que costumam assumir esses papéis (desde gestar, parir e cuidar dos filhos a cuidar de parentes idosos ou doentes) com mais frequência e, assim, passam menos tempo do que os homens em trabalhos remunerados. Como o valor da aposentadoria (além da aposentadoria básica do Estado) está vinculado ao salário da pessoa, isso significa que, mantidas tais condições, a mulher é incapaz de economizar para a aposentadoria da mesma forma que o homem, embora em alguns países europeus tal fato seja em parte (mas apenas em parte) compensado por medidas como "créditos por cuidados domésticos" para incluir o tempo gasto nos cuidados de crianças, idosos e incapacitados.[7] Isso, por sua vez, aumenta muito as chances de que mulheres devotadas a tais serviços não remunerados terminem na pobreza ao chegar à velhice.

Não é só o trabalho de cuidados não remunerado que é subvalorizado, mas o remunerado também, se considerarmos sua contribuição para a sociedade. Pudemos observar isso da maneira mais evidente e trágica na pandemia de covid-19.*

Durante a pandemia, muitos países perceberam que, assim como os envolvidos no serviço de cuidados não remunerado no âmbito doméstico e comunitário, há pessoas sem cujo trabalho nossa mera existência como sociedade é impossível. Entre elas estavam as que realizam serviços de cuidados remunerados — profissionais da área da saúde (por exemplo, médicos, enfermeiros, motoristas de ambulância), cuidadores de crianças e idosos, professores etc. Também estavam incluídas aquelas cuja atividade não envolve cuidados em si, mas cujo trabalho é necessário para a sobrevivência e a renovação da sociedade (o termo técnico é "reprodução social") — são as pessoas que produzem alimentos e outros artigos essenciais, as que os distribuem (como funcionários de supermercado e entregadores), trabalhadores do transporte público, faxineiros e pessoal de manutenção de edifícios e infraestrutura e assim por diante. Tais profissionais foram considerados "trabalhadores de serviços essenciais" no Reino Unido e "funcionários essenciais" nos Estados Unidos, e receberam "auxílios" relativos a coisas como compra de itens básicos ou escola para os filhos.** Chegaram até a ser saudados como "heróis".

Uma coisa que emergiu dessa experiência foi o fato de que quase todos os trabalhadores "essenciais", com exceção de médicos de ponta, são mal remunerados. Isso é meio paradoxal. Se algumas ativida-

---

* A covid-19 foi declarada pela Organização Mundial da Saúde (OMS) como Emergência de Saúde Pública de Interesse Internacional em 30 de janeiro de 2020 e, como pandemia, em 11 de março de 2020.
** Na questão das compras, os trabalhadores de serviços essenciais no Reino Unido podiam ir ao supermercado antes do horário de abertura ou tinham acesso prioritário a alimentos básicos e produtos para o lar que estivessem em falta. Na questão do ensino, podiam mandar os filhos para a escola mesmo quando as escolas em geral estavam fechadas.

des são essenciais, os envolvidos nelas não deveriam receber mais, por definição?

Um dos motivos para a subvalorização dos serviços envolvendo cuidados (mesmo no mercado de trabalho) é o mesmo que está por trás da negligência com o serviço de cuidados não remunerado — ou seja, a prática arraigada da discriminação de gênero. Por uma série de razões que não cabem em um único capítulo, mulheres, em especial as não brancas e imigrantes, estão desproporcionalmente representadas nas profissões de cuidados mal remuneradas — enfermagem, cuidados de crianças e idosos, serviço doméstico.[8] Trabalhadoras nessas áreas não só têm remuneração menor que seus colegas homens como também ganham um salário bem inferior ao que trabalhadores homens com habilidades comparáveis receberiam em profissões predominantemente masculinas. Em outras palavras, o trabalho feminino é subvalorizado mesmo quando remunerado e, portanto, calculado no PIB.

Outra razão ainda mais importante para essa situação paradoxal é que vivemos em economias capitalistas em que o mercado decide o valor dos bens e serviços. O xis do problema é que para tomar decisões o mercado se baseia no sistema de "um dólar, um voto", não de "uma pessoa, um voto" (ver também "Alho" e "Limão"). Nesse sistema, o preço de algo é determinado pelo que as pessoas estão dispostas a pagar por ele, não pelo quanto precisam dele. Por mais que alguma coisa seja essencial para a sobrevivência, não é contabilizada pelo mercado se as pessoas não têm dinheiro para adquiri-la. Isso significa uma imensa subvalorização desses bens e serviços "essenciais" — sejam eles alimentos básicos, saúde, educação ou trabalho em uma casa de repouso. Ao mesmo tempo, algo será fornecido, por menos essencial e mais irrelevante que seja do ponto de vista do bom senso, se algumas pessoas pagarem por isso. Daí a situação absurda de bilionários realizando uma "corrida espacial" em plena pandemia enquanto inúmeros profissionais de saúde adoeciam por não contarem com equipamento de proteção pessoal adequado, pacientes de covid-19 morriam devido à escassez de pessoal e equipamentos médicos e residentes de casas de repouso contraíam covid-19 por não poderem receber cuidados apropriados.*

Assim como o restaurante sichuanês em minha história lidava com as pimentas, não levamos muito em consideração a existência do trabalho de cuidados não remunerado, na maior parte realizado por mulheres, a despeito do fato de que nossa economia e sociedade não podem existir sem ele. Esse viés sexista e a prática concomitante de discriminação de gênero, quando combinados à forma como o mercado atribui valor às coisas, resultaram em uma significativa subvalorização também do trabalho com cuidados remunerado. A combinação desses dois aspectos significa que, na melhor das hipóteses, estamos subestimando de maneira grosseira e, na pior, ignorando por completo muitas das atividades humanas mais essenciais e, com isso, produzindo uma visão preconceituosa do que é importante para o bem-estar do ser humano.

A fim de corrigir essa situação, precisamos mudar nossas perspectivas, práticas e instituições ligadas ao trabalho com cuidados.[9]

Primeiro, as perspectivas. Precisamos reconhecer a importância,

---

* Para que o leitor não fique com uma visão excessivamente negativa do mercado, permita-me acrescentar que ele tem seus méritos. Dois deles se destacam. Primeiro, o sistema de mercado nos permite agregar e processar uma vasta quantidade de informações necessárias para administrar uma economia complexa. O fracasso do planejamento central comunista é prova desse mérito. Segundo, ao recompensar aqueles que trazem ideias benéficas para o consumidor, o mercado oferece incentivos para aumentar a produtividade. Porém esses méritos do mercado precisam ser confrontados com suas limitações, muitas das quais discutidas em diversos capítulos deste livro.

ou antes a natureza essencial, do trabalho de cuidados, remunerados ou não, para a sobrevivência e o bem-estar humanos. Precisamos parar de pensar que o valor de algo deve ser determinado pelo mercado. Também precisamos abandonar a ideia de que o trabalho de cuidados é eminentemente feminino.

Segundo, nossas mudanças de perspectiva precisam se traduzir em realidade por meio de mudanças práticas — reduzir a disparidade salarial entre os gêneros,* abrir as profissões tradicionalmente masculinas para mulheres e combater a discriminação racial (de modo que o trabalho de cuidados mal remunerado não se torne a única opção para mulheres de minorias étnicas).

Terceiro, essas mudanças nas perspectivas e práticas precisam ser consolidadas socialmente com mudanças institucionais.** O reconhecimento do trabalho de cuidados não remunerado deve ser formalizado por mudanças no sistema de bem-estar social — conceder uma licença remunerada mais longa na área de cuidados (infantis,

---

* A disparidade salarial entre homens e mulheres é de cerca de 20% em média no mundo todo, embora possa chegar a 45% no Paquistão e em Serra Leoa e chegar a zero, como na Tailândia, ou até ser negativa, como nas Filipinas e no Panamá. Os dados são do International Labour Office (ILO), *Understanding the Gender Pay Gap*, junho de 2020. [No Brasil, a diferença pode chegar a 25,2%, segundo levantamento do governo federal brasileiro divulgado em março de 2024. (N. E.)]

** A importância da mudança institucional é mais bem ilustrada no modo como o NHS trata os trabalhadores da saúde no Reino Unido. No começo da pandemia, em 2020, milhões de pessoas os consideraram heróis e ficavam diante de suas casas uma vez por semana em um horário especificado para aplaudi-los em sinal de agradecimento. Essa prática se estendeu por dez semanas, numa campanha chamada de Batam Palmas para Nossas Carreiras. Porém, no acordo salarial de março de 2021 para os funcionários do NHS, o governo britânico ofereceu um aumento de 1%, amplamente considerado pelos funcionários como um "tapa na cara". É algo muito trivial de dizer, mas, quando queremos tornar uma mudança permanente, mudanças de sentimentos e práticas individuais não bastam — "Aplausos não pagam contas" é o slogan de uma campanha pelo aumento salarial dos funcionários do NHS. A mudança social tem de ser respaldada por mudanças institucionais.

de idosos, de parentes ou amigos enfermos) para ambos os gêneros, oferecer creches acessíveis tanto a pais que ficam em casa como a pais que trabalham fora e introduzir (onde não houver) ou fortalecer os "créditos de cuidador" no cálculo das aposentadorias. Já o reconhecimento do trabalho remunerado na área de cuidados deve ser respaldado por um aumento do salário mínimo e por requisitos legais para a melhora das condições de trabalho nesses setores. Mais amplamente, a mercantilização dos serviços de cuidados deve ser restringida e cuidadosamente regulamentada, de modo que todo mundo, não importando a renda, tenha acesso a serviços básicos de cuidados.

Comida sem pimenta é impensável para bilhões de pessoas no mundo. A vida sem cuidadores, remunerados ou não, é impensável para toda a humanidade. Mas sua própria necessidade e consequente ubiquidade fazem das pimentas e dos serviços que envolvem cuidados algo invisível para nós, e, assim, subvalorizados — ou até desvalorizados. Quando Duncan adotou uma perspectiva diferente e aceitou a pimenta no restaurante sichuanês, mudando seus hábitos alimentares, novos horizontes culinários se descortinaram para ele e levaram a uma experiência gastronômica melhor. Da mesma forma, precisamos mudar nossas perspectivas, práticas e instituições relativas ao trabalho de cuidados se queremos construir um mundo que seja mais equilibrado, acolhedor e justo.

V
Pensando sobre o futuro

14
Limão

> *Caipirinha/caipiroska (brasileira)*
> *Cachaça/vodca com limão e açúcar*

O SUCESSO (DO PONTO DE VISTA BRITÂNICO, claro) do Império Britânico — o maior império da história em termos de população (531 milhões em 1938)¹ e área (34 milhões de quilômetros quadrados em 1922)² — não pode ser explicado por um único fator. A supremacia industrial britânica estava, é óbvio, no coração disso. Sua famosa habilidade em dividir para conquistar permitiu à Grã-Bretanha governar colônias com exércitos pequenos (com frequência compostos de mercenários locais), possibilitando-lhe controlar uma população dez vezes maior do que a sua.³ No plano mais imediato, contudo, foi sua capacidade de dominar os oceanos por meio de suas forças navais superiores que possibilitou um império tão vasto e espalhado — "A Britânia domina as ondas", como diz um verso da canção patriótica "Rule Britannia".*

---

* A guerreira de capacete, segurando um tridente, que personifica a Grã-Bretanha.

A partir do século XVI a Grã-Bretanha passou a competir com Espanha, Holanda e França pela supremacia naval europeia — e depois global. Ao longo dos dois séculos seguintes, ela superou uma a uma suas concorrentes, investindo de forma agressiva na construção de uma Marinha bem armada, bem aprovisionada e bem administrada.[4] A Batalha de Trafalgar em 1805, em que a Marinha Real, sob o comando do almirante Horatio Nelson, derrotou as frotas combinadas das Marinhas francesa e espanhola, selou a supremacia naval mundial britânica por mais de um século.

Com uma Marinha tão poderosa, a Grã-Bretanha, pelo fato de ser uma ilha, se tornou virtualmente inexpugnável. Estar a salvo de invasores, por sua vez, lhe permitiu usar seu relativamente pequeno (e portanto econômico) Exército quase que só para manutenção da ordem doméstica, reprimindo as (frequentes) revoltas contra sua ordem socioeconômica notoriamente desigual.[5] Acima de tudo, a poderosa Marinha a ajudou a expandir o império capturando terras remotas, repelindo as tentativas das potências rivais de se apoderar das terras capturadas e protegendo da pirataria suas embarcações mercantis envolvidas no comércio colonial.[6]

E uma fruta pequena e comum desempenhou papel crucial na ascensão da Marinha britânica.

Nos primeiros tempos das viagens transoceânicas europeias a bordo de veleiros, que tiveram início no final do século XV, o maior carrasco das tripulações não eram os navios inimigos, nem piratas, tampouco as tempestades. Era o escorbuto — uma doença terrível cujos sintomas incluíam letargia, inchaço e sangramento das gengivas, perda de dentes, fortes dores articulares e, com frequência, morte.

Hoje sabemos que o escorbuto se deve à deficiência de vitamina C, mas sua causa permaneceu um mistério até o século XX. Ao contrário da maioria dos outros animais, os seres humanos são incapazes de sintetizar diversas vitaminas, assim, precisam obtê-las através da alimentação.[7] Subsistindo com uma dieta de carne salgada rançosa, biscoitos duros (*hard tack*) infestados de gorgulhos e cerveja choca por meses a fio, os marinheiros em viagens transoceânicas desenvolviam escorbuto e morriam como moscas.* A doença era tão predominante que, segundo se conta, proprietários de navios e governos pressupunham uma taxa de mortalidade de 50% entre tripulações que embarcavam em qualquer viagem de longa distância.[8] Estima-se que, da viagem transatlântica de Colombo a meados do século XIX, o escorbuto tenha matado mais de 2 milhões de marujos no mundo todo.[9]

Naturalmente, houve uma busca frenética pela cura para a doença. Tentativas foram feitas com todo tipo de remédio, como vinagre e ácido sulfúrico. Gradualmente se descobriu que o sumo de frutas cítricas era uma solução eficaz, embora até o século XX ninguém soubesse que o ingrediente ativo era a vitamina C. A busca pela cura para o escorbuto foi tão importante na descoberta da vitamina C que o nome científico dela é ácido *ascórbico*, que significa literalmente "antiescorbuto".

A eficácia do sumo de frutas cítricas contra o escorbuto também era conhecida por marinhas rivais, mas a Marinha Real foi a primeira a empregar de maneira sistemática a solução.[10] Em 1795, o Almirantado incorporou o sumo de limão amarelo (siciliano) à ração dos marinheiros como um item obrigatório e, astutamente, assegurava sua ingestão misturando-o à ração de rum diluído em água, conhecida como "grogue". O limão amarelo logo foi substituído pelo verde (taiti). Isso se deveu em parte ao fato de que este último era mais barato e fácil de armazenar — ao contrário do amarelo, ele era encontrado nas

---

* O corpo humano é capaz de armazenar vitamina C por pelo menos de um a três meses; assim, o escorbuto não era um grande problema para as tripulações antes das viagens transoceânicas.

colônias caribenhas da Grã-Bretanha. Mas também porque o limão verde era considerado mais eficaz, uma vez que equivocadamente se acreditava na época que o escorbuto era curado pela acidez (mais elevada no verde do que no amarelo), não pela desconhecida vitamina C (cujo nível no amarelo é mais ou menos a metade do verde).

Em pouco mais de uma década após a introdução do sumo de limão amarelo e depois verde, o escorbuto praticamente desapareceu na Marinha Real.[11] O consumo de limão virou uma característica tão proeminente na instituição que os marujos britânicos passaram a ser chamados de "*limeys*" pelos americanos — apelido que, nos Estados Unidos, mais tarde seria aplicado a qualquer britânico.

Outro país do qual o limão é um símbolo de identidade nacional é o Brasil. A fruta é o principal ingrediente do coquetel nacional do país, a caipirinha. Ela é feita com limão (embora outras frutas também sejam usadas, como o maracujá), açúcar e cachaça, a bebida nacional.*

A cachaça é destilada do caldo da cana-de-açúcar fermentado (portanto a caipirinha é açúcar com açúcar e limão!). Se destilada a um grau elevado, o caldo, ou garapa, se transforma em etanol, que pode ser usado como combustível de automóveis. Como maior produtor de cana-de-açúcar do mundo, o Brasil experimentou usar etanol como combustível para carros desde o início do século XX.** Mas, com o colapso do comércio internacional devido à Grande Depressão e mais tarde à Segunda Guerra Mundial, que dificultou a importação de petróleo, o governo brasileiro passou a incentivar seriamente o

---

* A caipirinha pode ser feita com vodca, sendo nesse caso chamada de caipiroska. Pessoalmente, prefiro esta, já que acho a cachaça um pouco adocicada demais.
** O Modelo T de Henry Ford, primeiro automóvel fabricado em larga escala, lançado em 1908, também funcionava à base de uma mistura de gasolina e etanol.

uso do etanol, tornando obrigatória a mistura de 5% de etanol na gasolina e fornecendo subsídios à indústria do etanol. No pós-guerra, com o petróleo barato, o uso do etanol declinou, mas depois da Crise do Petróleo de 1973 o governo introduziu um programa ambicioso para promover a substituição do petróleo pelo etanol.

Um programa nacional para promoção do etanol, o Proálcool, lançado em 1975, financiou tanto investimentos dos produtores de açúcar na capacidade de produção de etanol como o preço do etanol na bomba de combustível.[12] No fim da década de 1970, os fabricantes de carro em operação no Brasil (como Fiat e Volkswagen) chegaram a desenvolver motores que funcionavam exclusivamente a etanol. Em 1985, 96% de todos os carros zero vendidos no Brasil vinham com motor a etanol. Desde então, o programa conheceu altos e baixos, com flutuações no preço do petróleo, na produção de cana-de-açúcar e na escala dos subsídios governamentais. Mas a chegada dos carros "flex", que funcionam com qualquer mistura de gasolina e etanol, lançados pela Volkswagen em 2003 e depois por outros fabricantes automobilísticos, assegurara o etanol como importante fonte de energia para o país. Hoje, o etanol representa 15% de sua produção energética anual. Não admira que a historiadora americana Jennifer Eaglin tenha intitulado seu importante estudo sobre a história do etanol no Brasil como "Mais brasileiro que a cachaça".[13]

Fora do Brasil, o etanol e outros biocombustíveis modernos (como o biodiesel, feito de óleos vegetais como canola ou soja ou de gordura animal) entraram para valer no sistema energético apenas nas duas últimas décadas.* Devido às crescentes preocupações com as mu-

---

* Digo "modernos" porque, tecnicamente falando, lenha ou esterco também são biocombustíveis.

danças climáticas, atualmente dezenas de países passaram a exigir a mistura de etanol à gasolina e de biodiesel ao diesel, na tentativa de reduzir o uso de combustíveis fósseis.

O mundo já presencia o derretimento do gelo polar e a elevação do nível do mar, a intensificação da força e da frequência dos eventos climáticos extremos (ondas de calor, ciclones, inundações, incêndios florestais) e a extinção em massa de espécies. Há um consenso científico de que, se o aumento da temperatura mundial não for controlado logo com a drástica redução da emissão de gases de efeito estufa (como CO_2, metano e óxidos nitrosos, entre outros), a humanidade enfrentará uma ameaça existencial nas próximas décadas.

Primeiro, precisamos de novas tecnologias. Um bocado de novas tecnologias.

Acima de tudo, precisamos de tecnologias de energia alternativas que nos capacitem a gerar energia sem emitir gases de efeito estufa — biocombustíveis, energia solar, energia eólica, energia das ondas, energia hidrelétrica, combustível de hidrogênio e até energia nuclear, como medida provisória em determinadas circunstâncias.[14] Capturar o carbono emitido e reutilizá-lo ou enterrá-lo também pode desempenhar um papel (secundário) nisso.* Precisamos de maneiras mais efetivas de armazenar eletricidade, de modo que possamos utilizar a eletricidade intermitente gerada por fontes solares ou eólicas de forma mais constante.

Não é apenas de novas tecnologias energéticas que precisamos. Os combustíveis fósseis são usados não só como fonte de energia, mas também na produção de materiais fundamentais para nosso modo

---

* Esse processo também é conhecido como sequestro, utilização e armazenamento de carbono.

de vida moderno e industrial — aço, fertilizante, cimento e plástico.[15] Assim, temos de desenvolver tecnologias que usem o mínimo de combustíveis fósseis para produzir esses materiais, métodos de reciclagem mais eficientes e materiais alternativos cuja produção exija menor (de preferência, zero) uso de combustíveis fósseis.

Também precisamos de "tecnologias adaptativas" que nos ajudem a lidar com as consequências das mudanças climáticas. Com as secas mais frequentes e severas atualmente, precisamos de técnicas melhores para irrigação, reciclagem e dessalinização da água, ao mesmo tempo desenvolvendo cultivos mais resistentes a eventos climáticos extremos. O aprimoramento da previsão meteorológica e do controle de enchentes pode nos ajudar a lidar melhor com tempestades e ciclones que ocorrem com cada vez mais frequência e em escala cada vez maior.

Tecnologias melhores são necessárias, mas não bastam. Também precisamos de mudanças em nosso estilo de vida — sobretudo as populações dos países ricos e os ricos dos países em desenvolvimento.

Mesmo com o uso de energias alternativas como biocombustíveis, baterias elétricas e (façamos figa!) células de combustível de hidrogênio, precisamos diminuir o uso de veículos pessoais. Isso é mais fácil de falar do que de fazer, sobretudo em países como os Estados Unidos, onde as viagens de longa distância são inevitáveis porque os espaços de convivência são dispersos e o transporte público é deficiente. Em tais países, a redução no uso de veículos pessoais exigirá um enorme investimento no transporte público e, a longo prazo, uma reestruturação radical dos espaços de convivência mediante mudanças nas regulamentações de planejamento urbano (mais sobre isso adiante).

Além disso, podemos ser bem mais eficientes no uso de energia em espaços de convivência e de trabalho. Um isolamento residencial mais eficaz (por exemplo, com preenchimento de cavidades nas paredes e instalação de janelas com vidro duplo ou triplo) e o uso de bombas de calor diminuirão de maneira significativa a demanda energética do aquecimento doméstico. Podemos reduzir nosso uso de eletricidade aprendendo a apagar as luzes em casa com mais frequência. O mesmo deve ser feito nos espaços de trabalho — os prédios de escritórios precisam receber um isolamento melhor e a iluminação acesa fora do horário de expediente deve ser limitada.

Terceiro, mudar nossos hábitos alimentares pode ter um grande impacto. A agricultura é responsável por uma quantidade substancial de emissão de gases de efeito estufa (as estimativas variam de 15% a 35%).[16] Consumir menos carne contribuirá bastante para a diminuição dos gases de efeito estufa. A carne bovina é a mais importante nesse aspecto — segundo uma estimativa recente, ela representa 25% de todas as emissões de gases de efeito estufa provenientes da agricultura[17] (ver também "Camarão" e "Carne"). Também devemos tentar consumir produtos mais sazonais — cultivar alimentos em estufas, mesmo que "locais", ou transportar por via marítima ou aérea alimentos de fora da estação pode representar uma enorme pegada de carbono. Não estou sugerindo que deveríamos abrir mão por completo da variedade de alimentos, mas os habitantes dos países ricos poderiam reduzir sua expectativa de alimentação "sob demanda".

Todas essas possibilidades tecnológicas e mudanças viáveis em nosso modo de vida, porém, não ajudarão muita coisa sem uma ação pública coordenada e em larga escala — executada por governos locais e nacionais, por organizações internacionais e por nações trabalhando juntas. Incentivos de mercado e escolhas individuais não bastam.

Em termos de tecnologia, precisamos de um envolvimento ativo do governo em promover tecnologias "verdes". Se depender do mercado, muitas tecnologias de que necessitamos a fim de combater e lidar com a mudança climática simplesmente não serão desenvolvidas. Isso não acontece porque as firmas do setor privado sejam "do mal", e sim por estarem sob constante pressão para apresentar resultados de curto prazo — tendência que piorou ainda mais sob a desregulamentação financeira (ver "Especiarias"). Ao desenvolver e empregar tecnologias "verdes", colhemos os dividendos em questão de décadas, se não mais. Empresas do setor privado, contudo, operam em horizontes de tempo de anos, quando não trimestres, e, assim, é compreensível que fiquem relutantes em investir no desenvolvimento de tais tecnologias.

A miopia do setor privado é a razão pela qual investimentos em larga escala em novas tecnologias e sua implementação exigiram historicamente uma ação enérgica dos governos. O principal exemplo nesse aspecto são os desenvolvimentos da tecnologia da informação e da biotecnologia, que no começo foram quase exclusivamente financiados pelo governo americano (mediante programas de pesquisa federal em "defesa" e "saúde", respectivamente — ver "Macarrão"), uma vez que essas tecnologias eram altamente arriscadas e tinham horizontes de retorno — muito — longos. Em vários países da Europa, na China e no Brasil, bem como nos Estados Unidos, tecnologias energéticas de baixo carbono, como a energia solar e a eólica, foram desenvolvidas e empregadas em escala significativa apenas graças à intervenção governamental.[18]

Também precisamos de ação pública para garantir o desenvolvimento de tecnologias que ajudem os países mais pobres a promover suas economias com mínima emissão de gases de efeito estufa ao mesmo tempo que lidam com as consequências da mudança climática. O mercado é um sistema de "um dólar, um voto", não de "uma pessoa, um voto" (ver também "Alho" e "Pimenta"); assim, se deixados sem interferência, os investimentos fluirão para tecnologias a serviço dos que têm mais dinheiro. Isso significa que haverá relativamente pouco investimento em tecnologias de que os países pobres mais necessitam — tecnologias eficientes para a produção agrícola e industrial ou "tecnologias de adaptação climática". Precisamos da ação pública para o fomento de tais tecnologias e sua transferência para países em desenvolvimento (caso tenham sido criadas por pesquisas e empresas de países ricos) a preços subsidiados, ou mesmo de graça. Essa ação é um passo necessário para obter a "justiça climática", visto que os países em desenvolvimento pouco contribuíram para a mudança climática, mas estão sofrendo num grau desproporcional as consequências, alguns dos quais já se encontram em processo de desaparecimento com a elevação do nível do mar.

Os indivíduos só conseguem mudar de verdade seu modo de vida quando suas escolhas pró-ambiente são possibilitadas por políticas governamentais.

Às vezes isso se deve ao fato de que mudanças no comportamento individual exigem investimentos iniciais que estão além do alcance para muitas pessoas. Esses aperfeiçoamentos na eficiência do uso de energia doméstica, com melhor isolamento, vidros duplos e bombas de calor, exigem grandes investimentos iniciais com os quais alguns indivíduos não podem arcar, ainda que a longo prazo esses investimentos mais do que compensem. Para esses investimentos se materializarem são necessários subsídios e empréstimos do governo.

Às vezes precisamos de ação pública, porque deixar que os indivíduos façam a escolha "certa" no mercado para lidar com um problema sistêmico, como as mudanças climáticas, é não só injusto como também ineficaz. Uma alimentação mais correta do ponto de vista ecológico é o melhor exemplo nesse aspecto. Em tese, poderíamos exigir que os comerciantes de alimentos revelem a pegada de carbono de seus produtos, permitindo ao consumidor "comprar de maneira correta" e expulsando os produtores mais poluidores. Porém na realidade isso é o mesmo que não fazer nada. Para começar, os consumidores não dispõem de tempo nem de capacidade para processar toda a informação sobre a pegada de carbono das coisas que consomem, mesmo se ela for inteiramente revelada.[19] Na verdade, pode ser pior do que não fazer nada. Sem o governo para determinar padrões ambientais mínimos, haverá uma "*race to the bottom*", em que fornecedores que mais poluem derrubam a concorrência oferecendo produtos mais baratos.

O limão era um antídoto eficaz contra o escorbuto, mas exigiu uma medida prática de uma das instituições mais poderosas do mundo na época — a Marinha Real — para ser usado de forma eficaz e salvar a vida de inúmeras tripulações. A Marinha Real não deixava a cargo de cada marinheiro individual levar suas próprias frutas cítricas antes de zarpar, e sim determinou que fossem incluídas na ração e adaptou a bebida favorita dos marujos (rum) para assegurar que todo mundo recebesse vitamina C.

O mesmo se dá com as mudanças climáticas. Conhecemos as soluções, mas, como a Marinha Real e o limão, não podemos deixar sua implementação à escolha dos indivíduos no mercado. Temos de usar todos os mecanismos de ação coletiva de que dispomos — governos locais e nacionais, cooperação internacional e acordos globais — para assegurar que tais soluções sejam implementadas: regulamentações alimentícias, investimentos em transporte público, mudanças na política de planejamento urbano, subsídios governamentais para aperfeiçoar o isolamento residencial, financiamento público do desenvolvimento de tecnologias mais eficientes em termos energéticos e transferência de tecnologias "verdes" para países em desenvolvimento. As mudanças sociais mais efetivas ocorrem quando a mudança individual é combinada a ações públicas decisivas e em larga escala.

15
Especiarias

> *Tamboril (ou qualquer outro peixe branco e firme)
> ao curry em caldo de mariscos (receita minha)*

COMO O LEITOR A ESTA ALTURA já terá percebido, não tenho preferência por nenhuma cozinha em particular — nem mesmo a coreana. Sou capaz de passar sem comida coreana por seis meses (e o fiz com frequência durante meu pós-doutorado). Tampouco sinto falta de consumir com regularidade comida italiana, mexicana ou japonesa, mesmo estando entre meus pratos favoritos.

Há uma única exceção: a cozinha "indiana" — ou, antes, da Ásia Meridional.* Se eu ficar sem comida sul-asiática por mais de duas semanas, sinto falta.

---

* Uso "indiana" entre aspas porque mais de oito em cada dez restaurantes "indianos" no Reino Unido são administrados por bengalis, dos quais se estima que 95% sejam oriundos de apenas uma província do país, Sylhet (ver Audrey Gillan, "From Bangladesh to Brick Lane", *Guardian*, 21 jun. 2002). De modo que chamo a cozinha de "sul-asiática" e não "indiana" aqui e em outras partes do livro.

ESPECIARIAS

É irônico: não gostei da culinária sul-asiática quando a provei pela primeira vez. Já com a maioria das outras cozinhas, foi amor à primeira vista. Apaixonei-me perdidamente pela cozinha tailandesa quando a conheci em um restaurante tailandês do Soho no fim da década de 1980. A comida grega — *moussaka*, *taramasalata*, linguiça *loukaniko*, você escolhe — foi um sucesso instantâneo. Em minha primeira visita à Itália, em 1987, nem senti que estava comendo pratos "estrangeiros". Mas "indiana"? Não.

Para meus amigos (não sul-asiáticos), eu me queixava de que a comida sul-asiática era pouco "encorpada". Não sei bem o que queria dizer com isso, mas devo ter ficado insatisfeito em um nível subconsciente com a relativa ausência do sabor umami — nada de molho de soja e quase nenhum alho — nos pratos que experimentei. No entanto, pensando bem, acho que o verdadeiro motivo para minha queixa foi não conseguir lidar com as sensações complexas e incomuns que a infinidade de temperos dos pratos sul-asiáticos despertou em mim.

Até chegar à Grã-Bretanha, eu conhecia apenas cinco temperos — pimenta-do-reino, mostarda, canela, gengibre e pimenta. E, desses cinco, vira apenas canela, gengibre e pimenta em sua forma natural; conhecia a pimenta-do-reino como um pó acinzentado, não grãos pretos, e a mostarda vinha num preparo similar ao da mostarda inglesa (embora com sabor mais leve e adocicado).

Claro que eu já havia provado o "porco *wuxiang* (pó de cinco especiarias)" chinês algumas vezes. Mas não era muito fã e não me dei ao trabalho de descobrir em que consistiam os cinco temperos (anis-estrelado, cravo, canela, pimenta-de-sichuan e sementes de funcho, caso você esteja se perguntando), de modo que era como se nunca os tivesse experimentado.

Mas com o tempo passei a apreciar e depois me apaixonei perdidamente pelo complexo de sabores, aromas e sensações que a imensa variedade de especiarias confere aos pratos da Ásia Meridional —

sementes de coentro, sementes de mostarda, cominho, cravo, noz-moscada, macis (a casca da noz-moscada), anis-estrelado, sementes de funcho, alcaravia (*jeera*), açafrão, cardamomo, tamarindo, assa-fétida e assim por diante.

Hoje sou louco por temperos. Preparo versões simplificadas de pratos da Ásia Meridional, usando sobretudo sementes de coentro moídas, sementes de funcho e cominho, pois acho um pouco intimidador e desnecessário usar a combinação de temperos autêntica (quando há tanta comida sul-asiática excelente para experimentar por aí, não só em restaurantes como também na linha de congelados). O *masala chai*, chá doce daquela região fervido com leite e gengibre, cardamomo e diversos outros condimentos, é uma de minhas bebidas prediletas.

Não é apenas em pratos sul-asiáticos que uso temperos. Quantidades generosas de pimenta-do-reino, tanto em grãos inteiros como em pó, entram na maioria dos guisados e massas que preparo. Quando faço *crumble* (meu recheio favorito é maçã com ruibarbo, embora eu também use só maçã ou só ameixa), tempero o recheio com uma quantidade absurda de cravo, cardamomo (em vagem) e canela (em pó ou em casca). Às vezes também adiciono pimenta-do-reino em grãos para deixá-lo mais picante. Meu risoto leva apenas uma pitada de açafrão — contanto que eu use um bom caldo,* ele não precisa de mais nada. Em tempos recentes, fiquei totalmente viciado no "queijo-quente" (*cheese toastie*, para os britânicos — ver também "Anchova") sul-asiático com pitadas generosas de sementes de coentro moídas e pimenta em pó, bem como cebola, alho e coentro picados (uso a receita da advogada anglo-indiana tornada chef Nish Katona).

---

*   Minha receita de caldo predileta consiste em carcaça de frango, aipo, cebola, caldo de legumes em pó da marca Swiss Marigold e um pouco de *myulchi-jut*, o molho de anchova fermentado coreano (ver "Anchova").

ESPECIARIAS

* * *

Uma vez consumada minha conversão aos temperos, não pude acreditar no que perdera durante as três primeiras décadas de minha vida. Amaldiçoei meus ancestrais. Por que não aprenderam a cozinhar com coisas maravilhosas como cravo-da-índia (meu preferido!) e sementes de coentro? A comida coreana não teria sido mais sofisticada e interessante se usassem anis-estrelado e sementes de funcho?

Então me dei conta de que estava sendo injusto. Meus ancestrais viviam confinados ao extremo nordeste do continente eurasiano, onde o clima era frio demais para o cultivo da maioria dos temperos. Além disso, ao contrário dos europeus, eles não tinham disposição (ou capacidade) para invadir e ocupar as terras adequadas para plantá-los.

As especiarias que haviam sido mais valorizadas na Europa — pimenta-do-reino, cravo-da-índia, canela e noz-moscada — cresciam apenas no que chamavam de "Índias Orientais", ou seja, Ásia Meridional (sobretudo Sri Lanka e sul da Índia) e Sudeste Asiático (sobretudo Indonésia).*

É bem sabido que a busca por temperos foi um impulso crucial por trás da descoberta de rotas de navegação da Europa à Ásia. Um fato menos conhecido é que isso também nos legou o veículo mais importante para o desenvolvimento do capitalismo, a saber, a sociedade por ações, ou sociedade de responsabilidade limitada (Ltda.).

No início, o comércio de especiarias com as "Índias Orientais" foi de altíssimo risco para os europeus. Cruzar dois ou até três oceanos

---

* Dado que Colombo e outros invasores europeus iniciais das Américas acreditavam que essas terras eram a Índia, parece que os europeus achavam que o mundo todo, exceto Europa, África e Oriente Médio, era a Índia.

(o Atlântico, o Índico e, se você estiver a caminho da Indonésia, o Pacífico) em um navio a vela era como, para exagerar um pouco, enviar uma sonda a Marte — e conseguir trazê-la de volta — hoje em dia.[1]

As recompensas eram fabulosas, sem dúvida, mas, considerando o perigo envolvido, os investidores relutavam em pôr dinheiro na corrida por especiarias. O risco era ainda mais exacerbado pelo fato de que, se um empreendimento comercial malograsse, eles poderiam perder tudo — não só o dinheiro investido como também suas posses (casa, mobília, até louças e panelas), pois deveriam pagar todos os empréstimos que haviam contraído. Falando em termos mais técnicos, suas responsabilidades eram ilimitadas. O fracasso em um empreendimento comercial poderia custar até a liberdade pessoal de um homem de negócios. Se os credores continuassem sem receber mesmo após ele ter vendido tudo que possuía, o empresário endividado acabava preso por dívidas.

Era natural que potenciais investidores se mostrassem relutantes em investir em empreendimentos demasiado arriscados como o comércio de especiarias. Uma solução foi oferecer-lhes a garantia de que sua responsabilidade seria limitada ao que houvessem investido no projeto (suas "cotas" ou "ações"), em vez de envolver todas as suas posses. Isso reduziu bastante o risco assumido por eles, permitindo àqueles que organizavam empreendimentos arriscados mobilizar enormes somas com o recrutamento de um grande número de investidores.

Assim, tiveram início empreendimentos como a Companhia Inglesa das Índias Orientais (fundada em 1600) e a Companhia Holandesa das Índias Orientais (1602). Elas não foram na verdade as primeiras sociedades de responsabilidade limitada, mas seu sucesso em trazer especiarias das Índias Orientais e depois administrar colônias respectivamente na Índia e na Indonésia (sim, eram as companhias, não os países, que tinham colônias nos primeiros tempos) proporcionou à sociedade de responsabilidade limitada um impulso crucial.

* * *

A responsabilidade limitada é a norma hoje, mas até o final do século XIX era um privilégio concedido pela Coroa — e pelo governo, quando a monarquia absoluta chegou ao fim — apenas para empreendimentos de alto risco com importância nacional, como o comércio de longa distância e a expansão colonial.

Muitos ficaram céticos com a ideia, mesmo para casos tão excepcionais. Entre eles estava Adam Smith, o pai da economia, que condenou as sociedades de responsabilidade limitada, alegando que seus gestores apostavam com "o dinheiro dos outros" (palavras suas). O raciocínio era que esses gestores, que por definição não detinham 100% das companhias, sempre assumiriam um risco excessivo, pois não tinham de arcar com o custo total do fracasso.

Isso é absolutamente verdadeiro, mas a questão é que a responsabilidade limitada também nos permite mobilizar capital em uma escala muito maior do que a ilimitada. É por essa razão que Karl Marx, o algoz do capitalismo, saudou as sociedades de responsabilidade limitada como "a produção capitalista em seu mais alto grau de desenvolvimento", embora o fizesse com segundas intenções, pois o progresso mais acelerado do capitalismo significaria o advento mais rápido do socialismo (segundo sua teoria, o socialismo só emergiria quando o capitalismo houvesse se desenvolvido plenamente).

Pouco após Marx ter feito essa afirmação em meados do século XIX, o surgimento da indústria pesada e da indústria química, que exigem investimentos em larga escala — ferro e aço, maquinário, produtos químicos industriais, produtos farmacêuticos e assim por diante —, tornou a responsabilidade limitada ainda mais necessária. Simplesmente não é mais possível viabilizar a emissão de licenças para responsabilidade limitada caso a caso, se a maior parte das principais indústrias, e não apenas o comércio de longa distância ou os empreendimentos coloniais, necessitar de financiamento em larga escala. Como resultado, no fim do século XIX a maioria dos países fez da responsabilidade limitada antes um direito (sujeito ao cumprimento de determinados padrões mínimos) que um privilégio. Desde então, as sociedades (ou corporações) de responsabilidade limitada passaram a ser o principal veículo do desenvolvimento capitalista.

No entanto, esse outrora poderoso instrumento de progresso econômico se transformou recentemente em um obstáculo a ele. A desregulamentação financeira das últimas décadas criou tantas oportunidades financeiras que os acionistas não têm mais compromissos de longo prazo com as empresas das quais são legalmente proprietários. Por exemplo, o período médio de participação acionária no Reino Unido diminuiu de cinco anos na década de 1960 para menos de um ano hoje. Se a pessoa não pode manter seu dinheiro comprometido nem por um ano, como dizer que possui de fato uma participação na empresa?

Para contentar os inquietos acionistas, os gestores profissionais lhes dão uma parcela extremamente alta dos lucros na forma de dividendos e recompra de ações (prática pela qual a empresa adquire suas próprias ações e, assim, eleva seu preço, de modo que os acionistas possam "faturar" vendendo as ações que possuem, se assim o desejarem). Nas duas últimas décadas, nos Estados Unidos e no Reino Unido, a proporção do lucro corporativo repassado desse modo aos acionistas chegou a 90%-95%, quando era menos da metade antes da década de 1980. E, dado que o lucro retido (lucro não distribuído entre os acionistas) é a principal fonte de investimentos corporativos, essa mudança enfraqueceu de maneira notável a capacidade de investimento das empresas, sobretudo em projetos cujo retorno vem a longo prazo (ver também "Limão").

Chegou a hora de reformar a instituição da responsabilidade limitada, de maneira a reter seus benefícios e ao mesmo tempo limitar seus efeitos colaterais prejudiciais.

Em primeiro lugar, a responsabilidade limitada deveria ser modificada para incentivar a posse de ações a longo prazo. Por exemplo, o direito de votar pode ser vinculado ao tempo de participação acionária, de modo que os acionistas mais antigos tenham mais voz — isso é conhecido como *tenure voting,* algo como "votação por tempo de posse". Alguns países, como França e Itália, já a praticam, mas apenas de forma muito tímida (os acionistas há mais de dois anos recebendo mais um voto, esse tipo de coisa). Precisamos fortalecer seriamente o voto por tempo de posse, dando, por exemplo, um voto extra por ação para cada ano adicional de sua posse (talvez com um teto de, digamos, vinte votos por ação). É necessário recompensar de alguma forma o compromisso de longo prazo dos investidores.

Segundo, devemos limitar o poder dos acionistas, mesmo os mais antigos, proporcionando aos demais envolvidos — como trabalhadores, fornecedores de insumos e comunidades locais onde as empresas estão localizadas — maior participação na gestão da empresa. O problema (e o ponto forte) dos acionistas é que mesmo os mais antigos podem sair a qualquer momento. Ao conceder algum poder aos envolvidos que possuem muito menos mobilidade do que os acionistas, estaríamos alocando poder a grupos mais preocupados com o futuro de longo prazo da empresa do que seus supostos "proprietários" — ou seja, os acionistas.

E por último, mas não menos importante, as opções para os acionistas precisam ser limitadas, a fim de torná-los mais interessados no futuro de longo prazo das empresas de cujas ações são possuidores. Isso pode ser feito com o fortalecimento das regulamentações financeiras no extremo mais especulativo do leque de produtos financeiros, desse modo reduzindo a chance de faturar um "montante rápido" e aumentando o incentivo para firmar um compromisso de longo prazo com uma empresa.²

A responsabilidade limitada é um dos instrumentos mais importantes que o capitalismo já inventou. Contudo, numa era de finanças desregulamentadas e acionistas impacientes (ou, para usar um termo mais técnico, numa era de "financeirização"), está se transformando antes em um obstáculo ao progresso econômico do que num meio para ele. Precisamos reformar a instituição da responsabilidade limitada — bem como as que a cercam, como a regulamentação financeira e os mecanismos de influência das partes envolvidas.

Assim como um tempero pode incrementar um prato, mas arruinar outro, uma mesma instituição pode funcionar às mil maravilhas em um contexto, mas se revelar um grande problema em outro.

16
Morango

> *"Leite" de morango*
> *(receita de Hee-Jeong, minha esposa)*
> *Morangos amassados com leite e leite condensado*

O MORANGO (*STRAWBERRY*) não é um *berry* — segundo a definição científica.* Tampouco a amora (*blackberry*) ou a framboesa (*raspberry*). Em termos botânicos, a uva, a groselheira-preta (ou cassis), a banana, o pepino, o tomate, a berinjela, a melancia e a pimenta são *berries*. Não se preocupe. Há *berries* que cientificamente também são *berries* — oxicoco (*cranberry*), mirtilo (*blueberry*) e groselha (*gooseberry*). Ainda assim, vale perguntar por que algumas das me-

---

* Botanicamente, o *berry* é definido como um fruto carnoso sem caroço, produzido a partir de uma única flor contendo um ovário. No caso do morango, o fruto se desenvolve não a partir do ovário, mas do receptáculo no qual este se abriga. O morango pertence a uma subcategoria de frutas chamada "frutos agregados".

lhores mentes da botânica trabalharam duro e (supõe-se) debateram entre si para simplesmente elaborar uma categoria científica chamada *"berry"* quando há tantas coisas chamadas *berries* que não o são, e tantas coisas que não são chamadas *berries,* mas são.

Seja ele *berry* ou não em termos botânicos, o morango é "o" *berry* da maioria das pessoas ao redor do mundo. Quando chega sua época, os melhores morangos ficam doces e saborosos o suficiente para serem degustados puros. No resto do ano, em geral são um pouco ácidos. As pessoas o consomem com açúcar ou (melhor ainda, na minha opinião) leite condensado. Os mais aventureiros comem morango com vinagre balsâmico ou pimenta-do-reino — ou ambos. Em uma festa de jardim no verão britânico, é inevitável servirem morango com creme (sob risco de perder alguns amigos ingleses, devo confessar que não aprecio a combinação).

Fazemos todo tipo de coisas deliciosas com morangos: bolos, *cheesecakes* e *tartes* (adoro em especial a *tarte aux fraises* francesa). O morango, junto com o creme de baunilha e o chocolate, compõe a santíssima trindade dos sabores de sorvete no mundo todo, embora a maioria dos sorvetes de "morango" não contenha morango de verdade. Os ingleses são particularmente inventivos com sobremesas à base de morango, como a *Eton mess* (uma mistura de morango, merengue e creme chantilly, inventada, acredita-se, no Eton College, a faculdade famosa por produzir a elite política inglesa) e *trifle* de morango (uma mistura de morango, creme tipo *custard*, biscoitos champanhe embebidos em xerez e, o que é alvo de controvérsia,[1] gelatina sabor morango com uma camada de creme de leite por cima).

Hoje em dia, a sazonalidade do morango é contornada com sua importação de diferentes climas ou seu cultivo em estufas. Mas até algumas décadas atrás tais práticas eram dispendiosas, de modo que para a maioria das pessoas o único jeito de comer morango fora de época era na forma de geleia. Outras frutas também são usadas nesse tipo de preparação (como framboesa, pêssego e damasco), mas, para muitos, a geleia de morango é "a" geleia.

A maneira mais comum de consumir geleia de morango é passando-a numa torrada amanteigada. Mas ela vai bem também no pão, como em um sanduíche britânico de geleia com queijo, como recheio de *crêpe* francês e em um sanduíche com manteiga de amendoim — a variação em minha família do clássico sanduíche americano de manteiga de amendoim e geleia de uva (ver "Banana", sobre a geleia). Para mim, a melhor pedida é passar geleia de morango em *scones* britânicos, junto com creme coagulado (a propósito, declaro minha estrita neutralidade na guerra entre Devon e Cornualha quanto à ordem da geleia e do creme — tanto um modo como o outro me parecem ótimos).* Os russos põem geleia de morango (e outras frutas) no chá, para adoçar e contrabalançar o sabor de tanino — uma ideia nada má, embora eu pessoalmente tenha me afeiçoado tanto ao chá com leite britânico que só o misturo com geleia muito de vez em quando, para variar um pouco.

O cultivo do morango demanda intenso trabalho, sobretudo na colheita. Ao contrário de frutas como maçã ou uva, ele em geral fica oculto entre folhas, às vezes profundamente, então leva algum tempo para ser encontrado. Por ser macio, o fruto pode ser danificado com facilidade ao ser apanhado, o que exige mão de obra cuidadosa e aumenta o tempo necessário para a colheita.

Em países ricos, com altos salários, esse trabalho intensivo é um grande problema para quem cultiva morango, uma vez que encarece demais o produto. Fazendas menores com fácil acesso por estradas principais podem superar em parte esse empecilho com um siste-

---

* Ao modo de Devon é com creme primeiro e ao modo da Cornualha é com a geleia primeiro.

ma chamado PYO (*pick your own* — "colha você mesmo"), em que o cliente fornece a mão de obra, mas essa não é uma solução viável para a maioria das fazendas. Elas tentam resolver o problema do (potencial) alto custo da mão de obra contratando imigrantes.

Na Califórnia, que é o maior estado agrícola dos Estados Unidos e produz mais de 80% dos morangos do país, essa mão de obra barata é composta sobretudo de mexicanos. Cerca de 70% dos trabalhadores rurais na Califórnia nasceram no México e pelo menos metade deles não tem documentação, significando que trabalham ilegalmente no território americano.[2]

Esses imigrantes mexicanos chamam o morango de *la fruta del diablo*, uma vez que sua colheita é um dos trabalhos agrícolas mais mal remunerados, difíceis e indesejáveis no estado.[3] Trata-se de um arbusto baixo (de dez a treze centímetros de altura e cultivado em canteiros com vinte a trinta centímetros de altura), de modo que a pessoa precisa se manter curvada o tempo todo para colher os frutos — manter tal postura por dez a doze horas diárias, semanas a fio, "pode causar dores excruciantes e incapacitação permanente".[4] A maior parte dessa mão de obra, além de mal remunerada, trabalha sob condições árduas.[5] Trabalhadores ilegais recebem mais ou menos a metade do que ganham os trabalhadores legalizados e muitos sofrem tratamento abusivo. Seus empregadores sabem que eles não podem se queixar às autoridades.

Nos últimos dois séculos, a agricultura foi mecanizada em alto grau, pelo menos em países ricos com mão de obra cara — de arados puxados por bois ou cavalos, enxadas e foices a tratores, colheitadeiras e, hoje em dia, até drones.* Mas a colheita de morangos até o mo-

---

* Máquinas agrícolas, a princípio movidas a cavalo, começaram a surgir na virada do século XIX. A colheitadeira (que combina a ceifadeira e a debulhadora) foi

mento resistiu à mecanização, pois o trabalho envolve discernimento (saber onde o fruto está escondido e se está maduro para ser apanhado) e delicadeza (a fruta pode ser facilmente danificada na colheita).

Mas as coisas estão mudando. Enfim estamos prestes a ver a comercialização de robôs para a colheita de morango (e de outras frutas e vegetais difíceis de colher, como framboesa, tomate e alface). Hoje há diversas empresas desenvolvendo robôs de colheita capazes de localizar, avaliar o grau de maturação e colher os morangos sem danificá-los.[6] Esses robôs ainda não são tão bons quanto seres humanos, mas, como continuam a passar por aperfeiçoamento constante, logo chegará o momento em que a última fronteira da automação agrícola — a colheita do morango — será desbravada.

A automação não ameaça apenas o emprego dos colhedores de morango. Hoje em dia é impossível ler, escutar ou assistir a notícias sem alguém dizer como os robôs irão em breve substituir inúmeros trabalhadores humanos, deixando a maioria das pessoas desempregada. O medo de um futuro sem empregos é intensificado sobretudo pelo desenvolvimento de tecnologias de inteligência artificial, que permitem que máquinas substituam o cérebro humano, não apenas suas mãos e seus músculos. Emblemático dessa ansiedade mundial com a automação é o programa interativo chamado "Can a robot do your job?" [Um robô pode fazer seu trabalho?], lançado pelo *Financial Times* em 2017.

A perda de empregos devido à automação é uma característica constante do capitalismo — pelo menos nos últimos dois séculos e

---

inventada na década de 1880. Tratores modernos usando motor de combustão interna surgiram no início do século xx. Hoje em dia se utilizam drones para monitorar a saúde da plantação, o gado e os sistemas de irrigação.

meio (ver "Chocolate").* E, de fato, esses jornalistas, economistas e gurus dos negócios que escrevem para publicações como o *Financial Times* sempre censuraram os empregados de fábrica que realizam trabalhos manuais e braçais por resistirem ao progresso econômico quando tentavam adiar a introdução de tecnologias capazes de promover economia de mão de obra, com medo de cortes nos postos de trabalho. Então por que de repente esses jornalistas e analistas estão tão preocupados com o impacto da automação nos empregos?

Sinto cheiro de hipocrisia de classe aqui. Para a turma dos analistas socioeconômicos, sempre foi fácil condenar a mão de obra resistente à tecnologia como "luditas" — os trabalhadores têxteis britânicos do início do século XIX que imaginavam salvar seus empregos destruindo as máquinas que começavam a substituí-los — quando achavam que seus próprios empregos estavam a salvo da automação. Mas agora que a automação afeta profissões de colarinho branco, das quais eles e seus amigos fazem parte — medicina, direito, contabilidade, finanças, ensino e até jornalismo** —, estão descobrindo tardiamente o medo do desemprego provocado pela tecnologia e, para piorar, da redundância permanente de suas habilidades.

Mas não deveríamos nos deixar levar pelo recém-descoberto pânico da automação entre os analistas. A automação nos acompanha há

---

* Desde que o inventor britânico Richard Arkwright desenvolveu a primeira fiação totalmente automatizada, movida a água (*"water frame"*), em 1771, e o engenheiro americano Oliver Evans inventou o primeiro processo industrial totalmente automatizado, na forma de um moinho produtor de farinha, em 1785.

** Alguns meios de comunicação já utilizam inteligência artificial (IA) para produzir artigos simples e editar os melhores momentos de partidas esportivas. Mas ela é capaz de produzir coisas muito mais sofisticadas que isso. Para um exemplo, ver GPT-3 (nome da IA), "A Robot Wrote This Entire Article. Are You Scared Yet, Human?", no jornal britânico *The Guardian*, 8 de setembro de 2020.

250 anos e nunca presenciamos a destruição em massa de empregos na escala que costuma ser prevista para nosso futuro. Isso acontece porque a automação de fato destrói empregos, mas também os cria.

Por exemplo, robôs podem acabar com o trabalho de colher morangos, mas a automação cria uma demanda de engenheiros de robótica e trabalhadores que produzam robôs e peças para robôs. Além disso, a automação pode reduzir a exigência de mão de obra por unidade de produção, mas ao mesmo tempo aumentar a demanda geral de mão de obra (e dessa forma gerar mais empregos) ao baratear o produto e, assim, aumentar sua procura. Segundo um estudo realizado no século XIX por James Bessen nos Estados Unidos, a automação eliminou 98% do trabalho têxtil exigido para produzir um metro de tecido, mas o número de tecelões na verdade quadruplicou, pois a demanda por tecido de algodão, graças ao preço mais baixo, aumentou muito.[7]

E também há a geração indireta de empregos devido à automação. O advento do computador e da internet pode ter eliminado muitos empregos em agências de viagens (já que a maioria hoje em dia faz suas reservas on-line), mas ao mesmo tempo criou outros empregos na indústria de turismo — pessoas que administram os sites de reservas, que alugam hospedagens por meio de plataformas como Airbnb ou que servem de guias para pequenos passeios especializados que só obtêm clientes suficientes porque podem ser anunciadas na internet. Por último, mas não menos importante, a automação aumenta a produtividade e, assim, a renda per capita, gerando demanda por novos bens e serviços que atendem a necessidades mais diversificadas e "elevadas", o que cria novos empregos — ensino superior, entretenimento, moda, design gráfico ou galerias de arte.

Além disso, sempre podemos decidir coletivamente gerar mais empregos por meio de políticas públicas. Tem sido uma prática comum pelo menos desde a década de 1930 que, numa recessão econômica, quando as empresas do setor privado estão reduzindo seus gastos (com o corte de investimentos ou vagas de emprego), o governo aumenta os seus e impulsiona o nível de demanda na economia, proporcionando às empresas do setor privado o incentivo para que não demitam trabalhadores ou mesmo contratem outros. Durante a pandemia de covid-19, muitos governos de países ricos chegaram até a pagar uma proporção elevada dos salários da mão de obra "redundante" para impedir demissões (mais de 80% no caso do "plano de retenção" do governo britânico). Mas os governos também podem gerar empregos mediante regulamentações (como já fizeram). Se um governo introduz uma regulamentação exigindo um número maior de trabalhadores por indivíduo atendido na educação (professores por aluno nas escolas, cuidadores por criança nas creches) e na saúde (médicos ou enfermeiros por paciente nos hospitais ou cuidadores de idosos por residente nas casas de repouso), cria mais empregos nessas indústrias. E, como vimos na pandemia de covid-19, são exatamente esses setores que precisam contratar mais gente a fim de oferecer serviços de boa qualidade (ver "Pimenta").

Com todas essas forças em jogo puxando em diferentes direções, operando de maneiras imprevisíveis e atuando por um longo período, é impossível dizer se a automação em uma área particular — seja ela na colheita de morango, na tecelagem do algodão ou no jornalismo — prejudica ou não o nível geral de emprego. Mas o fato de que a maioria das pessoas permaneceu empregada (ainda que muitos desses empregos talvez estivessem longe do ideal ou mesmo fossem perigosos ou opressivos) ao longo de 250 anos de automação contínua sugere que o impacto geral da automação em empregos até o momento não foi negativo.

Há quem diga que desta vez é diferente, pois agora as máquinas estão substituindo trabalhadores em setores nos quais a automação antes era impensável. Mas é da natureza do progresso tecnológico passar despercebido da maioria até o momento em que ocorre. Se alguém dissesse a uma britânica de classe média alta em 1900 que uma parte significativa das tarefas domésticas seria realizada por máquinas dali a duas gerações, ela teria dado risada na cara da pessoa. Mas então surgiram a máquina de lavar, o aspirador de pó, o forno de micro-ondas, a geladeira, aparelhos para produzir refeições prontas e assim por diante. Se alguém dissesse a um operário japonês em 1950 que em poucas décadas a maior parte de seu trabalho seria realizada por um torno mecânico controlado por outra máquina (um computador), ele teria duvidado da sanidade mental do interlocutor. Mas hoje as máquinas de controle numérico computadorizado (CNC) são a norma nas fábricas dos países ricos.* Daqui a cinquenta anos, muita gente terá dificuldade em entender por que tantas pessoas no início do século XXI pensavam que as ocupações de colarinho branco eram à prova de automação.

Tudo isso não significa que podemos ignorar o impacto da automação nos empregos. Ela de fato elimina algumas vagas conforme cria outras e seu impacto sobre as pessoas que são demitidas é devastador. Mesmo que os impactos gerais da automação no emprego em geral não sejam negativos a longo prazo, isso não serve de consolo para os trabalhadores que ficaram desempregados.

Em tese, quem perdeu o emprego devido ao fato de que máquinas tornaram suas habilidades obsoletas pode passar por uma reciclagem

---

* Em seu profético romance *Piano mecânico*, de 1951, o autor de ficção científica americano Kurt Vonnegut retrata um mundo de prosperidade sem precedentes, onde o trabalho físico humano não é mais necessário graças a máquinas altamente eficientes controladas por CNC. Mas nesse mundo a maioria das pessoas — exceto por um pequeno grupo de gestores, engenheiros e cientistas — é muito infeliz, embora não lhes falte conforto material e tenham tempo livre de sobra, pois elas não têm muita coisa proveitosa para fazer e, sobretudo, sentem que são inúteis para a sociedade.

e obter outra ocupação. Esse é um pressuposto convencional entre os economistas do livre mercado, para quem as pessoas ficam desempregadas simplesmente porque não querem trabalhar pelas atuais remunerações. Na realidade, sem algum apoio do Estado, é muito difícil — quando não de todo impossível — que esses trabalhadores obtenham a recapacitação necessária para voltar ao mercado, a menos que aceitem empregos menos qualificados — arrumar gôndolas em supermercados, limpar escritórios ou cuidar da segurança em um pátio de obras. Trabalhadores fora do mercado necessitam auxílio-desemprego e apoio à renda para se manterem durante o processo de recapacitação. Necessitam um sistema de recapacitação acessível, o que significa subsídios do governo para as instituições que dão treinamento e/ou para aqueles que o recebem. Necessitam ajuda efetiva (não apenas cosmética) na busca de emprego, como a fornecida por meio da chamada Política Ativa de Mercado de Trabalho em países como Suécia e Finlândia.[8]

A automação ganhou uma fama imerecida de "exterminadora" de empregos da mesma forma que o morango virou fruta a despeito de ser um pseudofruto. Devemos enxergar a automação pelo que ela é. Além do mais, a tecnologia *não* determina por completo a quantidade de vagas disponível. A sociedade, se quiser, pode agir para gerar novos empregos — por meio de políticas fiscais, incentivos ao mercado de trabalho e regulamentação de determinadas indústrias.

Somente quando compreendermos o verdadeiro caráter da automação superaremos a tecnofobia ("automação é ruim") e a sensação de desesperança das gerações mais jovens ("não vamos ser necessários") que começam a assombrar o mundo.

17
Chocolate

> *Brownies da Fernanda (receita de Fernanda Reinert, uma amiga norueguesa)*
> *Para os brownies mais cremosos que você já comeu: açúcar, farinha, ovos, fermento e muito cacau em pó*

TENHO UMA CONFISSÃO A FAZER. Sou viciado.

Meu hábito começou em meados dos anos 1960, quando ensaiava meus primeiros passos (sim, fui uma criança precoce). A substância ilegal em que fiquei fissurado desde tenra idade era contrabandeada de bases militares americanas e vendida no mercado clandestino sul-coreano. Ela se chamava M&M's.

Mercado clandestino de M&M's? Não estou inventando. Na época, na Coreia, a importação de produtos estrangeiros, com exceção das máquinas e matérias-primas diretamente necessárias para a industrialização do país, ficou proibida — carros de passeio, televisores, biscoitos, chocolates, até bananas, o que você imaginar. Trazer coisas como carros e TVs do exterior era muito difícil, mas coreanos empreendedores contrabandeavam artigos de consumo menores em larga escala das bases militares americanas espalhadas pelo país na época (ainda temos algumas). Enlatados (lembro que os coquetéis de frutas Dole e o Spam original eram particularmente populares), sucos em pó (Tang fazia o maior sucesso!), biscoitos, chicletes e chocolates eram vendidos por ambulantes a famílias de classe média com algum dinheiro extra para gastar.

Os chocolates, como os confeitos M&M's e as barras de chocolate ao leite Hershey, estavam entre os mais populares. Ninguém fabricava chocolate na Coreia até 1967 e a qualidade só melhorou a partir de 1975, quando surgiu a barra de chocolate Ghana, feita exclusivamente com grãos de cacau importados de Gana pela Lotte, a marca de chocolate mais antiga da Coreia.

Desde esses meus tempos de M&M's, passei quase seis décadas lutando constantemente (em geral sem sucesso) contra meu desejo de consumir tudo que tenha a ver com grãos de cacau.

O topo da lista é ocupado por barras de chocolate, trufas, florentinos e outras coisas maravilhosas produzidas por fabricantes chiques, como — em ordem alfabética, para não mostrar favoritismo — Hotel Chocolat (britânico), Lindt & Sprüngli (suíço), Pierre Marcolini (belga), República del Cacao (equatoriano) e Valrhona (francês). Não sou connoisseur suficiente para dar o devido valor à origem dos grãos de cacau numa barra de chocolate ou para debater sobre as diferenças de sabor que esses fabricantes costumam destacar entre, digamos, o cacau da Venezuela e o de Trinidad e Tobago, mas não consigo resistir à intensidade e à complexidade de sabores e aromas que são capazes de evocar.

Meu apreço por produtos refinados de chocolate, porém, não significa que eu seja esnobe. Consumo chocolate em todas as suas formas.

Costumo preferir chocolates em barra comuns e confiáveis como Cadbury's Dairy Milk ou Ghana a barras com 70% de cacau ou uma caixa de trufas exóticas de algum fabricante de luxo. Muitos chocólatras como eu, sobretudo na Europa, desdenham rudemente a barra da Hershey's por não ter chocolate suficiente. Segundo um relatório da BBC, ela contém apenas 11% de cacau — menos da metade encontrada em barras de chocolate contendo tão pouco chocolate que nem ousam se chamar de "chocolate", como Cadbury's Dairy Milk, cujo conteúdo de cacau é de apenas 23%.[1] No entanto, ainda tenho um fraco pela Hershey's desde meus tempos de M&M's. E para mim chocolate é chocolate — seja com 70%, 23% ou 11% de cacau.

Se for para misturar o chocolate com alguma coisa, meu voto vai para o amendoim — pense nos amendoins revestidos de chocolate da M&M's, em vários produtos da Reese's e (meus favoritos) Snickers. Também devoro com o maior gosto amêndoas inteiras cobertas com chocolate, os picos agudos de um tablete de Toblerone com seus pedacinhos de amêndoas e a Santíssima Trindade das Avelãs encontradas nas bolas de chocolate Ferrero Rocher (com uma avelã torrada inteira no centro, pedaços de avelã e chocolate de avelã). Meus sentimentos quanto a adicionar frutas ao chocolate são conflitantes, mas tenho uma queda por combinações de laranja e chocolate: Terry's Chocolate Orange, fatias de laranja cristalizada revestidas com chocolate, até mesmo Jaffa Cakes. Pode mandar.

A farinha de trigo (com gordura, em especial manteiga, e açúcar) combinada ao chocolate cria todo um universo. Brownies, *fudges*, bolos com cobertura de chocolate, bolo de chocolate e Guinness, bolo vulcão, bolo Floresta Negra... sem mencionar todos os biscoitos e cookies! Gosto de barrinhas de biscoito revestidas de chocolate como Kit Kat e Twix, mas os biscoitos cobertos com chocolate são meus favoritos absolutos. E ainda há todos esses cookies com gotas de chocolate dos quais nunca me canso — Maryland, Pepperidge Farm, marcas próprias de supermercado e cookies caseiros.

Por fim, há os outros modos de consumir chocolate sem ser em confeitos. Quando criança, eu adorava chocolate quente (*kokoa*, como chamávamos na Coreia), embora hoje em dia dificilmente o tome, tendo passado a preferir chá e café. De modo geral não sou muito fã de sorvete, mas se houver algum com chocolate na forma que for, aprecio com prazer. Às vezes espalho nibs de cacau no cereal matinal e em iogurtes e sorvetes. Há pouco tempo, um amigo me ensinou a acrescentar dois quadradinhos de chocolate amargo ao preparar *chilli con carne*, algo que fica maravilhoso. Quando vou ao México, gosto de comer frango com *mole poblano*, um molho feito com chocolate e pimenta.

Eu poderia prosseguir infinitamente. Mas já deu para ter uma noção.

O chocolate é feito com as sementes do cacaueiro (*Theobroma cacao*). A planta é nativa da Mesoamérica, embora hoje em dia os principais produtores fiquem na verdade em outras regiões — Costa do Marfim, Gana e Indonésia ocupam os três primeiros lugares. Há um debate a respeito, mas acredita-se que em sua origem o cacaueiro tenha sido domesticado nos atuais Equador e Peru. Ele foi adotado com entusiasmo pelas nações do atual México — olmecas, maias e astecas. Os astecas, fissurados por cacau, preparavam uma bebida refrescante de chocolate misturado com purê de milho e temperada com pimenta-malagueta, pimenta-da-jamaica e baunilha. Como o cacaueiro não cresce nas terras altas onde os astecas habitavam, os grãos de cacau eram particularmente valorizados por eles. Dizem que os maias e os astecas os utilizavam como forma de moeda.

Os espanhóis voltaram para seu país levando chocolate do México no século XVI após a conquista do Império Asteca, razão pela qual os atuais nomes do produto derivam da palavra asteca *xocolātl*.

Quando levado inicialmente à Europa, o chocolate era consumido na forma de bebida — à moda asteca. A essa altura, porém, os espanhóis no México haviam eliminado a pimenta (fracotes!) e acrescentado açúcar ou mel à receita asteca original. O hábito de beber chocolate começou a se espalhar com rapidez por toda a Europa a partir do século XVII.

A fabricação de chocolate sólido data de 1847. A Fry's, de Bristol, uma das três maiores confeitarias quacres britânicas da época (junto com a Cadbury's, de Birmingham, e a Rowntree's, de York), criou a primeira barra de chocolate produzida em massa.

Embora a prática de misturar chocolate com leite já existisse havia alguns séculos, no começo a barra era fabricada sobretudo com chocolate amargo. Mas não porque este fosse mais popular que o chocolate ao leite. O motivo era que as primeiras tentativas de adicionar leite às barras de chocolate fracassaram devido ao excesso de líquido resultante, que podia fazê-las embolorar.

Esse problema foi solucionado em 1875 por dois suíços. O fabricante Daniel Peter criou as primeiras barras de chocolate ao leite substituindo o leite fresco pelo leite em pó, inventado pelo farmacêutico suíço Henri Nestlé, o mago da tecnologia de alimentos processados à base de leite. Mais tarde os dois uniriam forças a outros para criar a gigante alimentícia Nestlé. Em 1879, a Lindt & Sprüngli, outra empresa suíça, deu o salto seguinte na fabricação de chocolate ao inventar o processo de "conchagem", que melhorou a textura e o sabor do produto mediante a mistura prolongada dos ingredientes em uma máquina. A Suíça virou sinônimo de chocolate de alta qualidade.

Muita gente pensa que chocolate é a única coisa fabricada na Suíça — com exceção daqueles relógios ridiculamente caros que só oligarcas, banqueiros e astros do esporte podem se dar ao luxo de possuir. A visão disseminada é que o país produz pouco e vive de serviços.

Uma versão negativa disso seria que a Suíça é um país que vive de lavar o dinheiro sujo de ditadores do Terceiro Mundo depositado em contas numeradas em seus bancos e de vender suvenires de mau gosto, como relógios cuco e sinos de vaca (que hoje em dia, aliás, são provavelmente feitos todos na China), para turistas americanos e japoneses desavisados. Uma versão positiva — e mais prevalecente — é que o país constitui um modelo para a economia pós-industrial, na qual a prosperidade está baseada em serviços como finanças e turismo, não em manufatura.

O discurso da era pós-industrial, originário da década de 1970, parte da ideia simples mas poderosa de que, à medida que enriquecem, as pessoas querem produtos cada vez mais refinados. Uma vez que estejam com a barriga cheia, a agricultura decai. Quando suas outras necessidades mais básicas como roupas e mobília foram atendidas, elas se voltam a bens de consumo mais sofisticados, como eletroeletrônicos e carros. No momento em que a maioria dispõe dessas coisas, a demanda do consumidor se transfere para os serviços — restaurantes, teatro, turismo, serviços financeiros e assim por diante. Nesse ponto, a indústria começa a decair e os serviços passam a ser o setor econômico dominante, dando início à era pós-industrial do progresso econômico humano.

Essa visão da era pós-industrial ganhou força na década de 1990, quando quase todos os países ricos começaram a perceber a importância da queda na manufatura e da ascensão dos serviços, em termos tanto de produção quanto de emprego — esse processo é conhecido como "desindustrialização". Sobretudo os chineses emergindo como a maior nação industrial do mundo, os defensores da sociedade pós-industrial argumentaram que a manufatura se tornara algo que países de baixa tecnologia e baixos salários como a China faziam, enquanto serviços sofisticados como finanças, tecnologia de informação e consultoria empresarial eram o futuro, sobretudo para os países ricos.

E nesse discurso a Suíça, às vezes junto com Singapura, costuma ser louvada como a prova de que é possível um país manter um padrão de vida muito elevado especializando-se em serviços. Convencidos pelo argumento e inspirados nos exemplos suíço e singapuriano, alguns países em desenvolvimento, como Índia e Ruanda, estão inclusive tentando meio que pular por completo a fase da industrialização e desenvolver suas economias especializando-se na exportação de serviços de ponta.

Infelizmente para os defensores da sociedade pós-industrial, a Suíça é na verdade a economia mais industrializada do mundo, com a maior quantidade de produção manufatureira per capita.[2] Não vemos muitos produtos "MADE IN SWITZERLAND" por aí em parte porque o país é pequeno (apenas cerca de 9 milhões de habitantes), mas também porque ele se especializou no que os economistas chamam de "bens de produção" — máquinas, equipamentos de precisão e produtos químicos industriais — que consumidores comuns como você e eu não veem. Vale notar que Singapura, outro suposto caso de sucesso pós-industrial, é a segunda economia mais industrializada do mundo. Usar Suíça e Singapura como modelos de economia de serviços pós-industrial corresponde a — como direi? — usar Noruega e Finlândia para promover férias na praia.

Os defensores do pós-industrialismo cometem um equívoco fundamental sobre a natureza das mudanças econômicas recentes. O que está motivando a desindustrialização são sobretudo as mudanças na produtividade, não na demanda.

Isso é mais fácil de perceber em relação ao emprego. Como o processo de manufatura se tornou cada vez mais mecanizado, não precisamos da mesma quantidade de mão de obra para obter a mesma quantidade de produtos (ver "Morango"). Com a ajuda de máquinas e até de robôs industriais, os trabalhadores atuais conseguem produzir muitas vezes mais do que a geração de seus pais. Meio século atrás, a manufatura absorvia cerca de 40% da força de trabalho nos países ricos, mas hoje a mesma — quando não maior — quantidade é produzida por 10% a 20% da força de trabalho.

A dinâmica produtiva é um pouco mais complicada. É verdade que a importância da manufatura na economia nacional nesses países declinou conforme a dos serviços cresceu. Entretanto, isso *não* aconteceu devido à demanda por serviços ter aumentado mais do que a demanda por produtos manufaturados em termos absolutos, como os defensores do discurso pós-industrial gostariam que acreditássemos. Aconteceu sobretudo porque os serviços estão se tornando relativamente mais caros, considerando o crescimento de produtividade mais rápido na manufatura do que nos serviços. Pense em como computadores e celulares ficaram tão mais baratos nas duas últimas décadas, comparados a uma ida ao cabeleireiro ou ao restaurante. Se levarmos em conta os efeitos de mudanças de preços tão relativas, a participação da manufatura na produção nacional declinou apenas marginalmente na maioria dos países ricos (o Reino Unido é exceção) e até aumentou em alguns deles (como Suíça, Suécia e Finlândia) nas últimas décadas.[3]

Contrariamente ao mito do pós-industrialismo, a capacidade de produzir bens manufaturados de maneira competitiva permanece o fator mais determinante para os padrões de vida de um país (ver também "Anchova").

Muitos serviços de alta produtividade que estariam tomando o lugar da manufatura — como finanças, transportes e negócios (por exemplo, consultoria de gestão, engenharia, design) — não podem existir sem o setor manufatureiro, pois ele é seu principal cliente. Esses serviços parecem "novos" apenas porque antes eram oferecidos internamente pelas companhias manufatureiras (e, assim, contabilizados como produção do setor manufatureiro), mas hoje são fornecidos por empresas especializadas nesses serviços (e, portanto, contabilizados como produção do setor de serviços).* É por isso que países com um setor manufatureiro forte, como Suíça e Singapura, também têm uma forte indústria de serviços (embora o contrário não seja necessariamente verdadeiro).

Além disso, a manufatura continua sendo a principal fonte de inovação tecnológica. Mesmo nos Estados Unidos e no Reino Unido, onde ela corresponde a apenas cerca de 10% da produção econômica, entre 60% e 70% da pesquisa e desenvolvimento (P&D) é conduzida pelo setor manufatureiro. Essa proporção é de 80% a 90% em economias mais voltadas para a manufatura como a Alemanha e a Coreia do Sul.

A crença de que hoje vivemos numa era de economia pós-industrial tem sido prejudicial em especial para os Estados Unidos e o Reino Unido. Desde a década de 1980, esses países, sobretudo o Reino Unido, têm negligenciado seu setor manufatureiro na ilusão de que esse declínio é um sinal positivo de que suas economias nacionais estão fazendo a transição de uma economia industrial para uma economia pós-industrial. Isso proporcionou aos políticos uma desculpa conveniente para não tomarem providência alguma quanto ao declínio do setor manufatureiro.

---

* Há quem argumente até que esses serviços deveriam ser classificados como atividades de manufatura, não como serviços, por esse motivo. Agradeço a Jostein Hauge por identificar esse ponto.

Ao contrário, nas últimas décadas, as economias do Reino Unido e dos Estados Unidos foram impulsionadas pelo desenvolvimento excessivo do setor financeiro, que entrou em colapso na crise financeira global de 2008. Desde então, a fraca recuperação que geraram (os economistas falam em "estagnação secular"...) se baseia em outra bolha financeira (e imobiliária) — mediante taxas de juros historicamente baixas* e o chamado programa de "flexibilização quantitativa" liderado pelos bancos centrais.

A pandemia de covid-19 entre 2020 e 2022 revelou que os atuais mercados financeiros dos Estados Unidos e do Reino Unido perderam o contato com a realidade econômica. Durante a pandemia, os mercados de ações nesses países atingiram picos históricos, enquanto a economia real afundava e o cidadão comum sofria com o desemprego e a redução de renda — ao modo de falar americano, Wall Street (o mercado financeiro) e Main Street (a economia real) não têm mais nada a ver uma com a outra.

Mesmo que o único artigo "MADE IN SWITZERLAND" que você tenha adquirido de verdade seja chocolate (o que é muito provável, a menos que você more na Suíça), não se deixe enganar por isso. O segredo do sucesso suíço é o setor manufatureiro mais forte do mundo, e não coisas como bancos e turismo "de luxo", como em geral se acredita. Na verdade, até a reputação suíça na confecção de chocolate se origina da engenhosidade de seu setor manufatureiro (a invenção do leite em pó, a criação do chocolate ao leite e o desenvolvimento da tecnologia de conchagem). Isso não se deve à competência do país nas indústrias de serviço — digamos, a capacidade

---

* No Reino Unido, as taxas de juros nunca estiveram tão baixas desde o início dos registros, em 1694, com a fundação do Banco da Inglaterra.

de seus bancos de oferecer planos de parcelamento bem elaborados para os compradores de barras de chocolate ou a capacidade de suas agências de publicidade de criar uma campanha de marketing sofisticada para o chocolate.

O discurso da sociedade pós-industrial, da qual a Suíça veio a ser um modelo involuntário, é na melhor das hipóteses enganoso e, na pior, nocivo para a economia real. Acreditamos nele por nossa própria conta e risco.

CONCLUSÃO
Como consumir (economia) melhor

SIM, EU SEI. ESTE É UM LIVRO ESTRANHO.

Falei sobre dezenas de itens alimentícios, entre eles alguns que muita gente jamais teria pensado em comer — bolotas, pupas do bicho-da-seda, gafanhotos e (dependendo de onde você mora) alho e pimenta. Discuti suas qualidades e linhagens biológicas, origens e disseminação geográficas, as histórias econômicas e sociais por trás de cada um, seu simbolismo político e muitas vezes minha relação pessoal (às vezes de dependência) com eles. Descrevi diversas maneiras de prepará-los — fritos, guisados, grelhados, defumados, cozidos, assados, fervidos — ou não — crus, salgados, em conserva ou fermentados — para consumo. Descrevi e comparei diferentes tradições culinárias, com seus apelos universais, idiossincrasias e fusões.

Dessa forma, viajamos por muitos lugares e épocas diferentes. Em "Bolota", fomos dos picos montanhosos da Coreia contemporânea, passando pelas ruelas da Inquisição espanhola, aos gabinetes dos estudiosos de Bagdá no século XI, para chegar a fábricas japonesas do início do século XX e, por fim, voltar ao ramo bancário da Coreia atual. Em "Quiabo", a jornada nos levou dos navios negreiros no Atlântico, passando pelas fazendas coloniais de cana-de-açúcar operadas por escravizados de São Domingos (atual Haiti), para encontrar os colonos nas pradarias americanas, testemunhar a violenta perseguição a nativos americanos e presenciar as ruas de Santiago sob a ditadura militar do general Pinochet.

Essas jornadas gastronômicas por vezes nos conduziram a destinos econômicos um pouco previsíveis — não é tão difícil assim imaginar como alguém poderia ir da anchova aos riscos da dependência de mercadorias primárias ou do morango ao impacto da automação nos empregos. Mas muitas vezes o tópico econômico e a rota pela qual chegamos a ele foram, francamente, bizarros.* Acho que só minha mente esquisita poderia ter dado o pontapé com um jogador de futebol mordedor e o apito final com a Organização Mundial do Comércio, ou ter começado falando sobre escorbuto e de algum modo encerrado com uma discussão sobre a economia das mudanças climáticas.

Nesse mergulho na toca do coelho, espero que o leitor tenha formado suas próprias ideias acerca de como "consumir" economia melhor no futuro. Quando se trata de alimentos, cada um tem sua própria maneira de escolher ingredientes (muitas vezes com orçamento curto), combiná-los e prepará-los e elaborar novas ideias (seja aperfeiçoando receitas maternas, seja adaptando algum prato que conhecemos no Instagram). Com a economia deveria ser a mesma coisa. Não precisamos que ninguém nos diga como aprender, refletir criticamente e utilizar a economia. Você é capaz de descobrir isso por si mesmo.

---

* E, admito, seguindo meu próprio e idiossincrático fluxo de consciência, embora eu goste de pensar que isso foi feito de uma maneira que não presta um desserviço ao gênero do qual Alan Bennett e W. G. Sebald são mestres.

CONCLUSÃO: COMO CONSUMIR (ECONOMIA) MELHOR

No entanto, como alguém que estudou e praticou economia por quatro décadas, acho que posso oferecer alguns conselhos dietéticos.

Primeiro, a importância de um cardápio variado. No livro, tentei apresentar diferentes perspectivas em economia. Muitas vezes elas oferecem diferentes opiniões sobre a mesma coisa (digamos, desigualdade, como vimos em "Frango"). Às vezes, uma perspectiva nos leva a ver coisas que os demais não enxergam (por exemplo, a perspectiva feminista sobre o trabalho envolvendo cuidados, como destacado em "Pimenta"). Outras vezes, diferentes perspectivas são complementares (como no caso das perspectivas positivas e negativas sobre as multinacionais, conforme discutido em "Banana"). Apreciar diferentes perspectivas em economia, a exemplo de consumir uma série de alimentos diferentes e diferentes tipos de cozinha, torna a dieta econômica não só mais rica como também mais balanceada e saudável.

Segundo, devemos ser receptivos a experimentar coisas novas. Superei meu preconceito de que a cenoura é um ingrediente exclusivo de pratos salgados e passei a amar bolo de cenoura. Em contrapartida, mesmo que para você o tomate seja considerado um ingrediente de pratos salgados — molhos de tomate, saladas, ensopados, entre outros —, não deixe de experimentá-lo ao menos uma vez como "fruta" (o que ele é, afinal de contas), polvilhado com açúcar, como fazem os coreanos (ver "Cenoura"). Sério, se os britânicos, outrora campeões mundiais do conservadorismo gastronômico, conseguiram se transformar em alguns dos gourmets de mentalidade mais aberta do mundo (ver "Alho"), podemos fazer o mesmo com a economia. Nem que seja apenas para conhecer melhor nossas teorias econômicas prediletas e compreender de maneira plena seus pontos fortes e fracos, devemos aprender sobre outras teorias econômicas.

Terceiro, como muitos de nós fazem em relação à alimentação, precisamos ficar de olho na proveniência dos "ingredientes" que usamos para "cozinhar". Mesmo que a maioria dos profissionais de economia goste de levar o público a acreditar que o que eles praticam é uma ciência, como a física ou a química, baseada em pressupostos inquestionáveis e fatos objetivos, as análises econômicas com frequência se baseiam em mitos, em "fatos" corretos do ponto de vista técnico, mas formulados de maneira enganosa ou em suposições aceitas questionáveis ou até flagrantemente erradas. Quando a análise está baseada em ingredientes de qualidade tão baixa, o "prato" econômico resultante é, na melhor das hipóteses, pobre em nutrientes e, na pior, nocivo.

O melhor exemplo de mito na economia é a historiografia distorcida que nos conta que a Grã-Bretanha e depois os Estados Unidos se tornaram as hegemonias econômicas mundiais devido a suas políticas de livre-comércio e livre mercado — quando na verdade foram os países que mais agressivamente se valeram do protecionismo para desenvolver suas indústrias nacionais (ver "Camarão" e "Carne"). A não inclusão no PIB do trabalho de cuidados não remunerado e dos serviços domésticos é um exemplo de que até coisas "factuais" como estatísticas de produtividade podem levar a conclusões enganosas quando captam apenas parte da realidade ou a captam de forma tendenciosa (ver "Pimenta"). Um bom exemplo dessa última categoria seria o pressuposto comum de que países pobres são pobres porque seu povo não trabalha duro, desviando nossa atenção da análise e da reforma dos fatores estruturais que mantêm esses povos na pobreza (ver "Coco").

Assim, precisamos ser zelosos na "checagem de fatos" e, acima de tudo, em descobrir as bases teóricas nas quais esses "fatos" estão alicerçados. Se usamos falsidades e representações da realidade tendenciosas em nossas análises, não conseguimos obter bons resultados, por melhor que seja a teoria econômica. *Garbage in, garbage out*, como dizem nos Estados Unidos.

Quarto: você deve usar a imaginação. Os melhores cozinheiros (e não me refiro apenas a chefs famosos) são pessoas dotadas de criatividade. Eles conseguem perceber que alguns ingredientes "sagrados" devem ser excluídos para melhorar — ou até reinventar — um prato conhecido. Esses cozinheiros recuperam ingredientes esquecidos e adaptam ingredientes tradicionais. Não se deixam levar por manias gastronômicas, embora compreendam que existem e que há algo a aprender com elas. Um bom cozinheiro, acima de tudo, tem inventividade para desafiar as convenções culinárias e combinar diferentes tradições nessa área.

Bons economistas, de maneira similar — e não me refiro apenas a economistas acadêmicos, mas a legisladores, ativistas sociais e cidadãos informados —, são aqueles capazes de fazer o equivalente econômico de uma cozinha "imaginativa". Eles podem eliminar ingredientes sagrados (como "liberdade econômica" — ver "Quiabo" e "Carne"), adaptar ingredientes existentes (pense no que os social-democratas fizeram com Estado de bem-estar social "antissocialista" — ver "Centeio") e recuperar ingredientes esquecidos (como poderíamos fazer com o sistema de prêmios para invenções — ver "Cenoura"). Não se deixam seduzir por modismos, embora compreendam sua existência e o que podemos aprender com eles (como as ideias de um futuro sem empregos ou a economia do conhecimento pós-industrial — ver "Morango" e "Chocolate", respectivamente). Além disso, os melhores economistas deveriam ser, como os melhores cozinheiros, capazes de combinar diferentes teorias para obter uma visão mais equilibrada. Eles compreendem tanto o poder como as limitações do mercado (ver "Limão" e "Coca-Cola", entre outros) e sabem que empreendedores são mais bem-sucedidos quando apoiados e regulamentados de forma adequada pelo Estado (ver "Macarrão" e "Especiarias"). Devem estar dispostos a combinar teorias individualistas e socialistas (ou, mais amplamente, coletivistas) — e aprimorá-las com teorias de capacidades humanas — de modo a propor uma visão mais equilibrada sobre questões como desigualdade (ver "Frango"), trabalhos não remunerados (ver "Pimenta") e Estado de bem-estar social (ver "Centeio").

Devemos todos procurar nossa própria maneira de compreender (e mudar) a economia e, com ela, o mundo em que vivemos e que compartilhamos, da mesma forma que precisamos todos descobrir nossas próprias maneiras de comer melhor — em prol de nossa saúde individual e de nosso bolso, dos produtores de alimentos, dos que não têm o suficiente para comer ou não têm acesso a uma alimentação nutritiva e, cada vez mais, em prol do planeta.

AGRADECIMENTOS

A história deste livro é longa e tortuosa. Tive a ideia de usar histórias sobre comida para falar sobre economia logo após terminar de escrever meu primeiro livro não acadêmico, *Maus samaritanos: O mito do livre-comércio e a história secreta do capitalismo*, em 2006. Parecia um bom modo de atrair leitores que não costumam pensar em economia, ao mesmo tempo me proporcionando um pretexto para falar sobre duas de minhas maiores paixões — economia e comida. Não consigo lembrar com exatidão quando, mas em algum momento em 2007 esbocei a ideia do livro e escrevi dois capítulos, como teste — "Bolota" e "Anchova".

No entanto, o destino continuou a intervir. A crise financeira global de 2008 me levou a escrever um livro que abordasse de forma mais direta as questões econômicas atuais, resultando em *23 coisas que não nos contaram sobre o capitalismo*, publicado em 2010. Depois disso, eu estava pronto para retomar "o livro da comida", como o chamei provisoriamente, mas então recebi uma "oferta que não pude recusar" na forma de um convite para escrever o primeiro volume da série Pelican relançada pela Penguin Books.

Depois que esse livro foi publicado como *Economia: modo de usar*, em 2014, eu estava ansioso para avançar com "o livro da comida", quando, em 2015, a equipe da *Weekend Magazine* do *Financial Times* concordou em publicar vários ensaios meus sobre comida e economia sob o título da série "Thought for Food" ["Pensamento para alimentar": jogo de palavras com "*food for thought*" ("dar o que pensar")]. Deveriam ser apenas setecentas palavras por ensaio, mas isso me deu a oportunidade de produzir versões mais curtas e aprimoradas de "Bolota" e "Anchova", além de escrever o que acabaram por ser as sementes de alguns capítulos deste livro — "Cenoura", "Frango", "Camarão", "Coca-Cola", "Chocolate" e "Especiarias". Agradeço a Caroline Daniel, editora da *Weekend Magazine*, e suas colegas Isabel Berwick, Sue Matthias e Natalie Whittle pelo apoio e feedback para meus artigos.

Mesmo com esse oportuno trampolim, não consegui publicar "o livro da comida", porque logo depois disso fiquei muito ocupado com outras coisas, sobretudo com a função administrativa que assumi na universidade. No final da década de 2010, bem mais de dez anos após a ideia do livro me ocorrer pela primeira vez, parecia que ele se tornaria uma dessas obras que os escritores sempre falam em escrever, mas nunca o fazem.

Eu não podia deixar isso acontecer, então afinal, em 2020, criei coragem e comecei a trabalhar com meu agente literário e amigo Ivan Mulcahy para fazer o livro "acontecer". Ivan vinha discutindo a ideia do livro comigo desde sua concepção, em 2007, mas, quando passei a levar a sério a ideia de escrevê-lo, ele me ajudou a criar uma estrutura conceitual clara, sem a qual, percebi, a obra poderia facilmente degenerar em uma "mixórdia caótica". "Alho" (refiro-me ao capítulo, não ao bulbo) nasceu desse processo e a partir daí o livro começou de fato a se consolidar. Agradeço a Ivan por me persuadir a conceituá-lo de forma mais clara e também por me ajudar a aprimorar meu texto e a qualidade dos argumentos.

AGRADECIMENTOS

Quando um livro tem uma longa história de gestação, como este, acaba criando experiências do tipo "Dia da Marmota" para alguns amigos próximos — o mesmo cara falando sobre o mesmo livro vezes sem conta por mais de uma década. Jonathan Aldred, Aditya Chakrabortty, Chris Cramer, Jonathan Di John, Felix Martin e Deepak Nayyar são os membros mais proeminentes desse desafortunado grupo. Todos eles não apenas ouviram, pacientes, minhas reflexões e desabafos sobre o trabalho como também, ao longo dos anos, leram vários capítulos em diversas formas e me forneceram um crucial feedback. Duncan Green merece menção especial. Ele discutiu o livro comigo desde quando não passava de um esboço de duas páginas e alguns capítulos em um rascunho muito bruto. Ao longo dos anos, leu muitas versões de diferentes capítulos e até concordou graciosamente em aparecer como personagem principal em um deles.

Assim que o texto começou a fluir, recebi imensa ajuda de meus editores — Laura Stickney (que também foi minha editora para *Economia: modo de usar*) na Penguin Random House e Clive Priddle na Public Affairs. Eles não apenas fizeram muitos comentários importantes sobre questões substantivas e editoriais, mas também me ajudaram a dar ao livro um formato muito mais interessante e inovador do que eu imaginara a princípio.

No processo de escrita, beneficiei-me muito das contribuições de amigos. Bob Rowthorn, que me formara como economista quando supervisionou meu doutorado, leu todo o manuscrito e me forneceu comentários úteis e encorajadores. Federico Benninghoff e Helena Perez Niño leram todos os capítulos e compartilharam sua erudição e lógica econômica para me ajudar a enriquecer minha argumentação. Pedro Mendes Loureiro leu quase todos os capítulos e me incentivou a aprimorar meus argumentos. Jostein Hauge e João Silva também ofereceram comentários muito proveitosos sobre todos os capítulos. Mateus Labrunie e Andy Robinson leram muitos capítulos e me forneceram comentários úteis, tanto na área da economia quanto na de gastronomia.

Baptiste Albertone, Fadi Amer, Antonio Andreoni, Jimmy Chan, Hasok Chang, Reda Cherif, Silvana Da Paula, Gary Dymski, Terry Fry, Fuad Hasanov, Amy Klatzkin, John Lanchester, Amir Lebdioui, Jungeun Lee, Connor Muesen, David Pilling, Nicolas Pons-Vignon, James Putzel e Sebastián Torres leram vários capítulos e me ofereceram comentários muito úteis.

Ao longo dos anos, vários jovens realizaram pesquisas para o livro, sem as quais ele teria sido muito mais pobre, tanto em termos de economia quanto em termos das histórias sobre alimentos. Marit Andreassen e Anna Rimmer merecem menção especial nesse sentido pelo trabalho excepcional que realizaram. Também agradeço a Baptiste Albertone, Jin-Gyu Chang, Mateus Labrunie e Nick Testa por sua assistência de pesquisa eficiente e inteligente.

Ninguém molda tanto nossas experiências alimentares quanto a família. Agradeço a meus pais por me ensinarem o significado de uma boa comida e de como ela é importante para nosso bem-estar e laços sociais. Minha mãe preparou inúmeras refeições saborosas, enquanto meu pai me levou, junto com meus irmãos e, mais tarde, minha esposa e meus filhos, para conhecer muitos bons restaurantes. Agradeço também a minha sogra por me receber em seu mundo culinário, bem diferente do de minha mãe, sendo ela de Jeolla-do, no sudoeste da Coreia do Sul, onde a cozinha é famosa por sua variedade e complexidade, e sendo minha mãe da atual Coreia do Norte, onde a cozinha é mais simples e substanciosa. Meu sogro, cujo falecimento na época em que comecei a escrever este livro foi o evento mais triste de minha vida, era um verdadeiro gourmet que com generosidade compartilhou muitas experiências gastronômicas excelentes comigo, minha esposa e meus filhos.

Hee-Jeong, minha esposa, Yuna, minha filha, e Jin-Gyu, meu filho, passaram os últimos quinze anos convivendo com este livro de forma intermitente. Eles compraram, comeram, cozinharam e comentaram comigo muitos de seus itens e pratos. No processo, às vezes involuntariamente, inspiraram-me a desenvolver e aprimorar as histórias sobre comida aqui contidas. Ao longo dos anos, foram as primeiras cobaias e com frequência professores para muitas de minhas ideias em diversas áreas — economia, história, meio ambiente e ciência. Leram todos os capítulos e me proporcionaram um feedback muito útil. Hee-Jeong em especial leu e discutiu comigo várias versões de todos os capítulos enquanto estavam sendo escritos, ajudando-me a superar momentos difíceis no processo de elaboração do texto. Sou particularmente grato a ela por me incentivar a escrever um capítulo sobre o trabalho não remunerado de cuidados e serviços domésticos ("Pimenta"), um tópico cuja importância sempre reconheci, mas sobre o qual não me sentia à altura de escrever. Aprendi muita coisa fazendo a pesquisa sobre o tema e redigindo o capítulo. Dedico o livro a ela, a Yuna e a Jin-Gyu.

Ha-Joon Chang
Março de 2022

NOTAS

INTRODUÇÃO: ALHO [pp. 11-30]

1   Os dados são do Ministério de Agricultura, Alimentos e Assuntos Rurais da República da Coreia (Coreia do Sul).
2   <library.mafra.go.kr/skyblueimage/27470.pdf>, p. 347.
3   Mario Schiano lo Moriello, "Il mercarto dell'aglio". Apresentação ao Comitê de Produtos da Organização Interprofissional, Istituto di Servizi per il Mercato Agricolo Alimentari (Ismea), Roma, p. 9, 23 abr. 2014. Disponível em: <www.ismeamercati.it/flex/cm/pages/ServeBLOB.php/L/IT/IDPagina/3977>.
4   Établissement National des Produits de l'Agriculture et de la Mer (FranceAgriMer), <rnm.franceagrimer.fr/bilan_campagne?ail>.

1. BOLOTA [pp. 33-44]

1   Outros porcos na Espanha não têm tanta sorte. A maioria desses animais no país hoje em dia é criada sob condições opressivas em fazendas industriais, alimentada com soja processada. Ver <www.lavanguardia.com/internacional/20201224/6143002/navidad-soja-pavo-embutido-procedencia-amazonia.html>. Agradeço a Andy Robinson por chamar minha atenção para isso.
2   Daniel Gade, "Hogs (Pigs)". In: Kenneth Kiple e Kriemhild Ornelas (Orgs.), *The Cambridge World History of Food*. Cambridge: Cambridge University Press, 2000, pp. 539-40.

3   Claudia Roden, *The Book of Jewish Food: An Odyssey from Samarkand and Vilna to the Present Day*. Londres: Penguin, 1996, pp. 190-1.
4   A citação é do *Japan Times*, 18 ago. 1915.
5   Beatrice Webb, *The Diary of Beatrice Webb: The Power to Alter Things*. Org. de Norman MacKenzie e Jeanne MacKenzie. Londres: Virago/LSE, 1984, v. 3, p. 160.
6   Sidney Webb e Beatrice Webb, *The Letters of Sidney and Beatrice Webb*. Org. de Norman MacKenzie e Jeanne MacKenzie. Cambridge: Cambridge University Press, 1978, p. 375.
7   Os dados sobre a taxa de alfabetização na Coreia são de Noel McGinn et al., *Education and Development in Korea* (Cambridge, MA: Harvard University Press, 1980), tabela 17. Os números para Tailândia, Filipinas e Malásia são de *Unesco Statistical Yearbooks*.
8   <data.oecd.org/hha/household-savings.htm>.

2. QUIABO [pp. 45-54]

1   Sobre o debate a respeito da origem do quiabo, ver Chris Smith, *The Whole Okra: A Seed to Stem Celebration* (Hartford, VT: Chelsea Green, 2019), cap. 1.
2   Judith Carney e Richard Rosomoff, *In the Shadow of Slavery: Africa's Botanical Legacy in the Atlantic World*. Berkeley: University of California Press, 2009.
3   Robert Lipsey, "U.S. Foreign Trade and the Balance of Payments, 1800-1913". Working Paper n. 4710, National Bureau of Economic Research (NBER), Cambridge, MA, 1994, p. 22, tabela 10.
4   Matthew Desmond, "In Order to Understand the Brutality of American Capitalism, You Have to Start on the Plantation". *New York Times*, 14 ago. 2019. Disponível em: <www.nytimes.com/interactive/2019/08/14/magazine/slavery-capitalism.html>. Pedro Mendes Loureiro, meu amigo economista brasileiro, me contou que o mesmo se deu no Brasil, a outra principal economia escravagista da época.
5   Khalil G. Muhammad, "The Sugar That Saturates the American Diet Has a Barbaric History as the 'White Gold' That Fueled Slavery". *New York Times*, 14 ago. 2019. Disponível em: <www.nytimes.com/interactive/2019/08/14/magazine/sugar-slave-trade-slavery.html>.

3. COCO [pp. 55-62]

1   O palmito "já foi chamado de 'salada dos milionários' devido ao pressuposto de que apenas os muito ricos podem ser dar ao luxo de derrubar uma palmeira

inteira e cortar os talos das folhas para expor o polpudo miolo, que é a parte que comemos", segundo Hugh Harries, "Coconut", em Kenneth Kiple e Kriemhild Ornelas (Orgs.), *The Cambridge World History of Food*, op. cit., p. 389.
2   Sobre o uso do óleo de coco nos estabelecimentos de peixe com fritas, ibid., p. 390. Sobre a origem judaica do peixe com fritas, ver Dan Jurafsky, "From Sikbāj to Fish and Chips", em *The Language of Food* (Nova York: W. W. Norton, 2014), cap. 3.
3   Ela às vezes se expandiu em uma economia de duas mercadorias, com coco e peixe — ao menos acertaram a parte do peixe. Ver os modelos de "Economia Robinson Crusoé" em <en.wikipedia.org/wiki/Robinson_Crusoe_economy>.
4   Os dados do país podem ser encontrados no site do Banco Mundial, em <data.worldbank.org/indicator/SL.TLF.ACTI.ZS>.
5   Foram 42% em Burkina Faso, 41% em Benin, 39% em Camarões, Chade e Serra Leoa. Ver <data.unicef.org/topic/child-protection/child-labour/>.
6   Em 2017, as horas de trabalho anuais foram 2455 no Camboja, 2232 em Bangladesh, 2209 na África do Sul e 2024 na Indonésia. No mesmo ano, foram 1354 na Alemanha, 1400 na Dinamarca, 1514 na França, 1738 no Japão e 1757 nos Estados Unidos. Ver <ourworldindata.org/working-hours>.
7   Ver Ha-Joon Chang, "O salário da maioria das pessoas nos países ricos é maior do que deveria ser", em *23 coisas que não nos contaram sobre o capitalismo* (São Paulo: Cultrix, 2013).

4. ANCHOVA [pp. 65-73]

1   Simon Collier e William Sater, *A History of Chile, 1808-2002*. 2. ed. Cambridge: Cambridge University Press, 2004.

5. CAMARÃO [pp. 74-81]

1   Alister Doyle, "Mangroves Under Threat from Shrimp Farms: U. N.". Reuters, 14 nov. 2012. Disponível em: <www.reuters.com/article/us-mangroves/mangroves-under-threat-from-shrimp-farms-u-n-idUSBRE8AD1EG20121114>.
2   Syed Hussain e Ruchi Badola, "Valuing Mangrove Benefits". *Wetlands Ecology and Management*, v. 18, pp. 321-31, 2010.
3   Zoe Wood, "Insects Tipped to Rival Sushi as Fashionable Food of the Future". *Guardian*, 25 jun. 2019. Disponível em: <www.theguardian.com/business/2019/jun/25/insects-tipped-rival-sushi-fashionable-food-offuture>. Para a carne de porco, as quantidades correspondentes são 1,1 quilo e cinco quilos. O dado sobre

gases de efeito estufa para o frango não está disponível, mas um quilo de frango vivo requer 2,5 quilos de ração.
4   Insetos requerem 23 litros de água e dezoito metros quadrados de terra por grama de proteína produzida, comparados a 112 litros e 254 metros quadrados para a carne bovina. Para a carne de porco, os números correspondentes são 57 litros e 63 metros quadrados, enquanto os valores para o frango são 34 litros e 51 metros quadrados. Ver ibid.
5   Ibid.
6   Contudo, Jefferson acabou adotando a visão de Hamilton, embora, a essa altura, Hamilton já tivesse falecido havia muito tempo (ele foi morto em 1804 em um duelo de pistolas com Aaron Burr, na época vice-presidente sob Jefferson). Em uma carta para Benjamin Austin em 1816, Jefferson afirmou: "Você me diz que sou citado por aqueles que desejam manter nossa dependência da Inglaterra na manufatura. Houve um tempo em que eu teria sido citado com mais franqueza, mas, nos trinta anos passados desde então, como as circunstâncias mudaram! [...] A experiência me ensinou que a manufatura agora é tão necessária para nossa independência quanto para nosso conforto: e se aqueles que afirmam que sou de opinião diferente fizerem como eu e não comprarem nada estrangeiro onde um equivalente de fabricação doméstica possa ser obtido, sem considerar a diferença de preço, não será culpa nossa se não tivermos em breve um suprimento doméstico igual a nossa demanda e arrancarmos essa arma aflitiva da mão que a empunha". Ver <founders.archives.gov/documents/Jefferson/03-09-02-0213#X50DC34AA-636D-4AC2-9AA091032A2AA417>.

6. MACARRÃO [pp. 82-93]

1   <instantnoodles.org/en/noodles/report.html>.
2   Segundo o *Hankook Kyungje Shinmoon* (*Korean Economic Daily*), <www.hankyung.com/news/article/2013041875301> (em coreano). Dado que o país tem 51 milhões de pessoas, isso resulta em cerca de onze porções de *chajang-myun* per capita anualmente. Adicionando a isso o consumo de macarrão instantâneo, chegamos a cerca de noventa porções de macarrão alcalino por pessoa por ano.
3   Segundo o próprio Giugiaro em uma entrevista de 1919. Ver <jalopnik.com/this-pasta-was-designed-by-the-man-who-designed-the-del5594815>.
4   <bravearchitecture.com/praxis/giorgetto-giugiaros-inventivemarille-pasta/>.
5   <jalopnik.com/this-pasta-was-designed-by-the-man-who-designed-the-del-5594815>.
6   <www.autotribune.co.kr/news/articleView.html?idxno=2505> (em coreano); e <oldcar-korea.tistory.com/61> (em coreano).

7   A GM produziu 4,78 milhões de carros naquele ano, distribuídos entre suas cinco principais marcas — em ordem decrescente de número de carros produzidos: Chevrolet (cerca de 2,1 milhões de carros por ano), Pontiac, Buick, Oldsmobile e Cadillac. A Ford produziu 1,86 milhão de carros em 1976. Ver <en.wikipedia.org/wiki/U.S._Automobile_Production_Figures>.
8   <en.wikipedia.org/wiki/List_of_manufacturers_by_motor_vehicle_production>. Os dados originais são da Organização Internacional de Fabricantes de Veículos Automotores (International Organization of Motor Vehicle Manufacturers, Oica).
9   Em 1976, a renda per capita da Coreia do Sul era de 834 dólares americanos atuais. No mesmo ano, a renda per capita do Equador era de 1264 e a do México, de 1453 dólares. Os dados são do Banco Mundial, em <data.worldbank.org/indicator/NY.GDP.PCAP.CD>.
10 Mais informações sobre o protecionismo americano antes da Segunda Guerra Mundial podem ser encontradas em Ha-Joon Chang, *Chutando a escada* (São Paulo: Ed. Unesp, 2004), cap. 2; e Ha-Joon Chang, *Maus samaritanos* (Rio de Janeiro: Campus, 2008), cap. 2.
11 Para mais detalhes sobre o papel do governo dos Estados Unidos no desenvolvimento das tecnologias fundamentais da era da informação, ver Fred Block, "Swimming against the Current: The Rise of a Hidden Developmental State in the United States" (*Politics and Society*, v. 36, n. 2, 2008); Mariana Mazzucato, *O Estado empreendedor: Desmascarando o mito do setor público vs. setor privado* (São Paulo: Portfolio Penguin, 2014); Linda Weiss, *America Inc.?: Innovation and Enterprise in the National Security State* (Ithaca, NY: Cornell University Press, 2014).

7. CENOURA [pp. 94-101]

1   Para histórias sobre as origens da cenoura cor de laranja, ver <www.carrotmuseum.co.uk/history.html>, <www.economist.com/theeconomist-explains/2018/09/26/how-did-carrots-become-orange> e <www.washingtonpost.com/blogs/ezra-klein/post/carrots-are-orange-for-an-entirely-political-reason/2011/09/09/gIQAfayiFK_blog.html>.
2   Adrian Dubock, "Golden Rice: To Combat Vitamin A Deficiency for Public Health". In: Leila Q. Zepka, Eduardo Jacob-Lopes e Veridiana V. De Rosso (Orgs.), *Vitamin A*. IntechOpen, 2019. Disponível em: <www.intechopen.com/books/vitamin-a/golden-rice-to-combat-vitamin-a-deficiency-for-public-health>.
3   Ha-Joon Chang, *Maus samaritanos*, op. cit., cap. 6; Joseph Stiglitz, *Making Globalization Work*. Nova York: W. W. Norton, 2007, cap. 4.

4   No fim, Harrison recebeu apenas 18 750 libras (o equivalente a cerca de 3 milhões de libras em dinheiro atual). Ver David Bradbury, "Valuing John Harrison's Work: How Much Is That £20,000 Longitude Reward Worth Today?" (Office for National Statistics, 17 jan. 2020). Disponível em: <blog.ons.gov.uk/2020/01/17/valuing-john-harrisons-work-how-much-is-that-20000longitude-reward-worth-today/>. Agradeço a Federico Benninghoff por me lembrar do papel do sistema de premiação na invenção do cronômetro marítimo.

8. CARNE [pp. 105-18]

1   Em 2021, o Uruguai tinha o maior número de bovinos per capita, com 3,45 — muito à frente da Nova Zelândia, em segundo lugar com 2,10, que está bem à frente da Argentina e do Brasil (ambos com 1,20). Os dados são do Departamento de Agricultura dos Estados Unidos. Ver <beef2live.com/story-world-cattle-inventory-vs-human-population-country-0-111575>.
2   Shafik Meghji, "How a Uruguayan Town Revolutionised the Way We Eat". BBC Travel, 7 jan. 2019. Disponível em: <www.bbc.com/travel/article/20190106-how-a-uruguayan-town-revolutionised-the-way-we-eat>.
3   Ver Lucía Lewowicz, "Justus von Liebig in Uruguay? His Last Ten Years of Research", artigo apresentado na Reunião Anual de 2015 da Sociedade Internacional para a Filosofia da Química. Disponível em: <www.researchgate.net/publication/279263915_Justus_von_Liebig_in_Uruguay_His_last_ten_years_of_research>.
4   Polly Russell, "History Cook: Lemco". *Financial Times*, 13 ago. 2012. Disponível em: <www.ft.com/content/6a6660e6-e88a-11e1-8ffc-00144feab49a>.
5   Shafik Meghji, "How a Uruguayan Town Revolutionised the Way We Eat", op. cit.
6   Em seu auge, em novembro de 1942, 9% de todos os víveres enviados para a Grã-Bretanha foram afundados por ataques de submarinos alemães. Lizzie Collingham, *The Taste of War: World War Two and the Battle for Food*. Londres: Penguin, 2011, pp. 111-3. Segundo o artigo "Uruguayan Town Puts Historic Support to Soviet Troops During Battle of Stalingrad on Display", de 9 ago. 2021, no site de notícias uruguaio MercoPress, 15% do suprimento da carne enlatada enviada pelos Aliados para a União Soviética também consistia em carne enlatada uruguaia. Ver <en.mercopress.com/2021/08/09/uruguayan-town-puts-historic-support-to-soviet-troops-during-battle-of-stalingrad-on-display>.
7   Paul Pickering e Alex Tyrell, *The People's Bread: A History of the Anti-Corn Law League*. Londres: Leicester University Press, 2000, p. 6.
8   O processo que levou à revogação é, como qualquer processo que resulta em uma mudança significativa, uma história complexa envolvendo interações de

interesses econômicos, ideias e instituições que este breve ensaio não pode abordar adequadamente. Para análises detalhadas da revogação das Leis dos Cereais de 1846, ver ibid. e Cheryl. Schonhardt-Bailey, *From the Corn Laws to Free Trade Interests, Ideas, and Institutions in Historical Perspective* (Cambridge, MA: The MIT Press, 2006). A revogação dividiu o Partido Conservador, o partido tradicional dos interesses agrários, especialmente dos senhores feudais agrícolas. Após a revogação, os deputados que votaram a favor, entre os quais Robert Peel, o primeiro-ministro, saíram do partido e formaram um grupo político separado, conhecido como Peelites. Devido a essa divisão, os tóris ficaram fora do governo durante a maior parte do tempo nas duas décadas seguintes.

9   Milton Friedman e Rose Friedman, *Free to Choose*. Nova York: Harcourt Brace and Jovanovich, 1980, p. 35. [Ed. bras.: *Livre para escolher*. 3. ed. Rio de Janeiro: Record, 2015.]
10 Exemplos clássicos dessa visão podem ser encontrados em Jagdish Bhagwati, *Protectionism* (Cambridge, MA: The MIT Press, 1985); e em Jeffrey Sachs e Andrew Warner, "Economic Reform and the Process of Global Integration" (*Brookings Papers on Economic Activity*, n. 1, 1995).
11 Kenneth Fielden, "The Rise and Fall of Free Trade". In: Christopher Bartlett (Org.), *Britain Pre-eminent: Studies in British World Influence in the Nineteenth Century*. Londres: Macmillan, 1969.
12 Paul Bairoch, *Economics and World History: Myths and Paradoxes*. Brighton: Wheatsheaf, 1993, pp. 41-2.
13 Mais detalhes podem ser encontrados em Ha-Joon Chang, *Maus samaritanos*, op. cit., cap. 2. E ainda mais detalhes em Chang, *Chutando a escada*, op. cit.; e Paul Bairoch, *Economics and World History*, op. cit.
14 <www.infoplease.com/world/countries/territories-colonies-and-dependencies>.
15 Para um relatório estarrecedor sobre como a indústria da carne bovina está destruindo a floresta amazônica em detrimento do planeta, ver Andy Robinson, *Gold, Oil and Avocados: A Recent History of Latin America in Sixteen Commodities* (Nova York: Melville House, 2021), cap. 14, "Beef (Pará) — The Capital of Ox".

9. BANANA [pp. 119-31]

1   United Nations Conference on Trade and Development, "Banana: An INFOCOMM Commodity Profile". Nova York e Genebra, 2016. Disponível em: <unctad.org/system/files/official-document/INFOCOMM_cp01_Banana_en.pdf>.
2   Em 2014, foram exportados 17 milhões de toneladas de bananas. A exportação da banana-da-terra foi de apenas 0,9 milhão de toneladas. Ver ibid., p. 5.

3   Food and Agriculture Organization (FAO), "Banana Facts and Figures". Disponível em: <www.fao.org/economic/est/est-commodities/oilcrops/banan as/bananafacts#.Ye4JAFjP10s>.
4   Ibid.
5   Judith Carney e Richard Rosomoff, *In the Shadow of Slavery*, op. cit., p. 34.
6   Ibid.
7   Ibid.
8   Ibid., p. 40.
9   Ibid.
10 Ibid., p. 35.
11 Andy Robinson, *Gold, Oil and Avocados*, op. cit., p. 119.
12 Grace Livingstone, *America's Backyard: The United States and Latin America from the Monroe Doctrine to the War on Terror*. Londres: Zed, 2009, p. 17.
13 Dan Koeppel, *Banana: The Fate of the Fruit That Changed the World*. Nova York: Hudson Street, 2007, p. 70.
14 Entre 1898 e 1934, o Exército americano invadiu dez países no Caribe e na América Latina nada menos que 28 vezes, na maior parte delas em nome das empresas bananeiras. Ver ibid., p. 63. Para mais detalhes das invasões americanas e das ocupações nesses países, ver o site da United Fruit Historical Society, <www.unitedfruit.org/chron.htm>.
15 Dan Koeppel, *Banana*, op. cit., p. 87.
16 Eduardo Posada-Carbo, "Fiction as History: The *Bananeras* and Gabriel García Márquez's *One Hundred Years of Solitude*". *Journal of Latin American Studies*, v. 30, n. 2, 1998.
17 Sobre o exílio de O. Henry em Honduras e a história de como o termo "república de bananas" foi cunhado, ver M. McLean, "O. Henry in Honduras" (*American Literary Realism, 1870-1910*, v. 1, n. 3, verão 1968). Ver também Dan Koeppel, *Banana*, op. cit., p. 92.
18 Ricardo Monge-González, "Moving Up the Global Value Chain: The Case of Intel Costa Rica". ILO Americas Technical Report, 2017/8, International Labour Organization, 2017. Disponível em: <www.ilo.org/wcmsp5/groups/public/---americas/---ro-lima/documents/publication/wcms_584208.pdf>.
19 K. S. Na, "The Motor Force of Our Economy — 50 Year History of Semi-conductor" (em coreano). Disponível em: <www.economytalk.kr/news/articleView.html?idxno=130502> (em coreano).
20 <data.worldbank.org/indicator/TX.VAL.TECH.MF.ZS>.
21 Para mais detalhes, ver Ha-Joon Chang, "Regulation of Foreign Investment in Historical Perspective" (*European Journal of Development Research*, v. 16, n. 3, 2004).
22 Para mais detalhes sobre a Irlanda, ver ibid. Sobre Singapura, ver Ming Kuan, "Manufacturing Productive Capabilities: Industrial Policy and Structural Transformation in Singapore", tese de doutorado, Universidade de Cambridge, 2015.

10. COCA-COLA [pp. 132-42]

1. Tom Standage, *A History of the World in Six Glasses*. Nova York: Bloomsbury, 2006, p. 272. [Ed. bras.: *História do mundo em 6 copos*. São Paulo: Companhia das Letras, 2005.]
2. Mark Pendergrast, *For God, Country, and Coca-Cola: The Definitive History of the Great American Soft Drink and the Company That Makes It*. 3. ed. Nova York: Basic, 2013, p. 425.
3. A história de origem da Coca-Cola, contada nos três próximos parágrafos, se baseia sobretudo em ibid.
4. Tom Standage, *A History of the World in Six Glasses*, op. cit., p. 250.
5. "History of Coca-Cola". InterExchange, 8 mar. 2016. Disponível em: <www.interexchange.org/articles/career-training-usa/2016/03/08/history-coca-cola/>.
6. Mark Pendergrast, *For God, Country, and Coca-Cola*, op. cit., p. 30.
7. Edmund Abaka, "Kola Nut". In: Kenneth Kiple e Kriemhild Ornelas (Orgs.), *The Cambridge World History of Food*, op. cit., p. 684.
8. Ibid., pp. 688-90. A citação é da p. 690.
9. Dawn Starin, "Kola Nut: So Much More Than Just a Nut". *Journal of the Royal Society of Medicine*, v. 106, n. 12, 2013.
10. Judith Carney e Richard Rosomoff, *In the Shadow of Slavery*, op. cit., pp. 70-1. Ver também Edmund Abaka, "Kola Nut", op. cit., p. 688.
11. Veronique Greenwood, "The Little-known Nut That Gave Coca-Cola Its Name". BBC, 23 set. 2016. Disponível em: <www.bbc.com/future/article/20160922-the-nut-that-helped-to-build-a-global-empire>.
12. Tom Standage, *A History of the World in Six Glasses*, op. cit., p. 250.
13. Brigid Delaney, "It's Not Cocaine: What You Need to Know about the Pope's Coca Drink". *Guardian*, 9 jul. 2015.
14. Ver Ha-Joon Chang, Jostein Hauge e Muhammad Irfan, *Transformative Industrial Policy for Africa* (Adis Abeba: United Nations Economic Commission for Africa, 2016).

11. CENTEIO [pp. 145-54]

1. Segundo a FAO, em 2019 a Alemanha produziu 3,23 milhões de toneladas de centeio, seguida pela Polônia (2,42 milhões de toneladas), Rússia (1,43 milhão de toneladas), Dinamarca (0,88 milhão) e Belarus (0,75 milhão de toneladas). Ver <www.fao.org/faostat/en/#data/QC>.
2. Nos países ricos, cerca de um terço dos impostos é coletado dessa forma, enquanto a proporção é mais da metade da receita tributária do governo nos paí-

ses em desenvolvimento. Ver <www.oecd.org/tax/tax-policy/global-revenue-statistics-database.htm>.

3   <www.ons.gov.uk/peoplepopulationandcommunity/personalandhouseholdfinances/incomeandwealth/bulletins/theeffectsoftaxesandbenefitsonhouseholdincome/financialyearending2018>.

4   Em 2019, os Estados Unidos gastaram 17% de seu PIB em saúde, em comparação com a média da Organização para Cooperação e Desenvolvimento Econômico (OCDE) de 8,8%. Os valores para países selecionados são: 12% para a Suíça, 11,7% para a Alemanha, 10,3% para o Reino Unido, 9,1% para a Finlândia, 8,7% para a Itália e 6,8% para a Irlanda. Ver <data.oecd.org/healthres/health-spending.htm>.

5   Para uma discussão mais aprofundada sobre o papel dinâmico do Estado de bem-estar social, ver Ha-Joon Chang, "O governo poderoso torna as pessoas mais abertas à mudança", em *23 coisas que não nos contaram sobre o capitalismo*, op. cit.

13. PIMENTA [pp. 165-75]

1   Stuart Walton, *The Devil's Dinner: A Gastronomic and Cultural History of Chilli Peppers*. Nova York: St. Martin's, 2018, p. 21.

2   Existem maneiras mais objetivas e científicas de medir o grau de picância de uma pimenta, como a cromatografia líquida de alta eficiência (CLAE), mas esse método não foi inventado exclusivamente para pimentas. Ele é, por exemplo, a técnica utilizada em testes de doping no esporte. Ver ibid., pp. 18-20.

3   Basta folhear qualquer livro de receitas de Sichuan ou qualquer livro sobre a gastronomia sichuanesa, em particular as saborosas memórias do chef inglês Fuchsia Dunlop, *Sharks Fins and Sichuan Pepper: A Sweet-sour Memoir of Eating in China* (Londres: Ebury, 2011).

4   Para uma rápida introdução aos limites do PIB como medida de bem-estar humano, ver Ha-Joon Chang, *Economia: modo de usar* (São Paulo: Portfolio Penguin, 2015). Para uma discussão mais extensa, ver David Pilling, *The Growth Delusion* (Londres: Bloomsbury, 2018).

5   Isso envolve antecipar necessidades, identificar opções para atender a elas, tomar decisões e monitorar o progresso. Daminger mostra em seu estudo que esse trabalho invisível, sobretudo a antecipação e o monitoramento, é feito de forma desproporcional por mulheres. Ver Allison Daminger, "The Cognitive Dimension of Household Labor" (*American Sociological Review*, v. 84, n. 4, 2019).

6   Ver David Pilling, *The Growth Delusion*, op. cit., cap. 3, para diferentes métodos de estimar o valor do trabalho de cuidados não remunerado a preços de mercado.

7   Ver Nancy Folbre, *The Rise and Decline of Patriarchal Systems: An Intersectional Political Economy* (Londres: Verso, 2020). Para exemplos sobre como medir o viés de gênero no sistema de aposentadoria, ver Women's Budget Group, "Pensions and Gender Inequality: A Pre-budget Briefing from the Women's Budget Group", mar. 2020. Disponível em: <wbg.org.uk/wp-content/uploads/2020/02/final-pensions-2020.pdf>.
8   Ver Nancy Folbre, *Rise and Decline of Patriarchal Systems*, op. cit., para uma exposição completa de como a discriminação de gênero interage com outras práticas de discriminação, como a discriminação racial, para "feminizar" determinadas profissões.
9   Para mais discussões sobre essas mudanças, ver The Care Collective, *The Care Manifesto: The Politics of Interdependence* (Londres: Verso, 2020).

14. LIMÃO [pp. 179-89]

1   <www.guinnessworldrecords.com/world-records/largest-empire-by-population>.
2   <www.guinnessworldrecords.com/world-records/largest-empire-(absolute)>.
3   Segundo o Departamento de Estatísticas Nacionais do Reino Unido, em 1938 a população da Grã-Bretanha era estimada em 46 milhões de habitantes; ver <www.ons.gov.uk/peoplepopulationandcommu-nity/populationandmigration/populationestimates/adhocs/004357greatbritainpopulationestimates1937to2014>. Isso significa que a população do império fora dele era de 485 milhões, o que corresponde a 10,5 vezes sua população.
4   Patrick K. O'Brien, "State Formation and the Construction of Institutions for the First Industrial Nation., In: Ha-Joon Chang (Org.), *Institutional Change and Economic Development*. Tóquio: United Nations University Press; Londres: Anthem, 2007.
5   Ibid.
6   Ibid.
7   Pierre Laszlo, *Citrus: A History*. Chicago: The University of Chicago Press, 2007, pp. 88-90.
8   Catherine Price, "The Age of Scurvy". *Distillations Magazine*, Science History Institute, 14 ago. 2017. Disponível em: <www.sciencehistory.org/distillations/the-age-of-scurvy>.
9   Ibid.
10 Segundo o escritor britânico Phillip K. Allan, "Outras marinhas demoraram para adotar medidas semelhantes. Algumas, como a francesa, foram desencorajadas pelos custos e desafios logísticos envolvidos em fornecer quantidades

tão imensas de frutas. Outras, com uma fonte abundante de limões, como a Espanha, eram proibidas de oferecer álcool aos marinheiros, o que tornava [a mistura do sumo no grogue] inaceitável. Outras ainda viam a prática da Marinha Real como bizarra". Ver Phillip K. Allan, "Finding the Cure for Scurvy" (*Naval History Magazine*, v. 35, n. 1, fev. 2021). Disponível em: <www.usni.org/magazines/naval-history-magazine/2021/february/finding-cure-scurvy>.

11   O Hospital Naval Real em Portsmouth tratou 1457 casos de escorbuto em 1780. Em 1806, houve apenas dois casos. Ver Pierre Laszlo, *Citrus*, op. cit., p. 86.

12   Jennifer Eaglin, "More Brazilian than Cachaça: Brazilian Sugar-based Ethanol Development in the Twentieth Century". *Latin American Research Review*, v. 54, n. 4, 2019.

13   Ibid.

14   Rigorosamente falando, até essas energias alternativas geram alguns gases de efeito estufa, uma vez que a construção e a operação das instalações de geração de energia envolvem o uso de combustíveis fósseis. Por exemplo, a turbina eólica é feita de aço, resina e cimento, além de necessitar de lubrificantes durante sua operação — todos esses materiais atualmente utilizam combustíveis fósseis em sua fabricação. Sobre a turbina eólica, ver Vaclav Smil, "Por que precisamos de combustíveis fósseis para gerar energia eólica", em *Os números não mentem: 71 histórias para entender o mundo* (Rio de Janeiro: Intrínseca, 2021).

15   Para detalhes de como os combustíveis fósseis são utilizados na produção desses materiais, ver id., *Como o mundo funciona: Um guia científico para o passado, o presente e o futuro* (Rio de Janeiro: Intrínseca, 2022).

16   Xiaoming Xu et al., "Global Greenhouse Gas Emissions from Animal-Based Foods Are Twice Those of Plant-based Foods". *Nature Food*, set. 2021.

17   Ibid.

18   Para mais detalhes, ver Guendalina Anzolin e Amir Lebdioui, "Three Dimensions of Green Industrial Policy in the Context of Climate Change and Sustainable Development" (*European Journal of Development Research*, v. 33, n. 2, 2021).

19   Isso está de acordo com a percepção fundamental da escola comportamental de economia, que afirma que a principal restrição à tomada de decisões é nossa capacidade mental limitada (o que a escola chama de "racionalidade limitada"), não a falta de informação. Sobre essa (e outras) escola(s) de economia, consulte o capítulo 4 de meu livro *Economia: modo de usar*, op. cit.

15. ESPECIARIAS [pp. 190-8]

1   Para a navegação pelos oceanos Índico e Pacífico, os europeus tiveram de contratar marinheiros árabes e sul-asiáticos, que conheciam esses mares muito

melhor do que eles — ver John Hobson, *The Eastern Origins of Western Civilization* (Cambridge: Cambridge University Press, 2004), pp. 140-4. Esses marujos eram chamados de lascares e incluíam os ancestrais dos donos de restaurantes "indianos" sylhetis no atual Reino Unido, vistos neste capítulo.

2   Para algumas propostas de políticas públicas, ver Ha-Joon Chang, "Os mercados financeiros precisam se tornar menos, e não mais, eficientes", em *23 coisas que não nos contaram sobre o capitalismo*, op. cit.; e id., "Problemas do Banco Fiduciário Fidelity: finanças", em *Economia: modo de usar*.

16. MORANGO [pp. 199-208]

1   Sobre a controvérsia da gelatina no *trifle*, ver "No Such Thing as a Mere Trifle", em WordofMouth Blog. Disponível em: <www.theguardian.com/lifean-dstyle/wordofmouth/poll/2009/dec/21/perfect-trifle-jelly>.

2   Bruce Neuburger, "California's Migrant Farmworkers: A Caste System Enforced by State Power". *Monthly Review*, v. 71, n. 1, 2019. Os trabalhadores agrícolas mexicanos são importantes não apenas na Califórnia. Segundo Neuburger, cerca de 80% dos trabalhadores agrícolas dos Estados Unidos são imigrantes, a maioria deles proveniente do México.

3   Eric Schlosser, "In the Strawberry Fields". *The Atlantic*, nov. 1995. Disponível em: <www.theatlantic.com/magazine/archive/1995/11/in-the-strawberry-fields/305754/>.

4   Ibid.

5   Como a maioria dos trabalhadores agrícolas é empregada de forma sazonal, não durante todo o ano, a renda anual pode com frequência estar bem abaixo da sugerida por seus salários por hora. O Economic Policy Institute, um *think tank* progressista sediado em Washington, DC, estima que, em 2015, a renda anual do trabalhador agrícola médio era de 17 500 dólares, menos de 60% do equivalente ao tempo integral calculado a partir dos salários por hora (doze a catorze dólares, mais alto do que o salário mínimo na Califórnia, que era entre dez e 10,50 dólares em 2017). Ver Philip Martin e Daniel Costa, "Farmworker Wages in California: Large Gaps between Full-time Equivalent and Actual Earnings" (Economic Policy Institute, Working Economics Blog, 21 mar. 2017). Disponível em: <www.epi.org/blog/farmworker-wages-in-california-large-gap-between-full-time-equivalent-and-actualearnings/>.

6   Kate Hodge, "Coronavirus Accelerates the Rise of the Robot Harvester". *Financial Times*, 1 jul. 2020. Disponível em: <www.ft.com/content/eaaf12e8-907a-11ea-bc44-dbf6756c871a>.

7   James Bessen, *Learning by Doing: The Real Connection between Innovation, Wages, and Wealth*. New Haven: Yale University Press, 2015, pp. 96-7. Se consi-

derarmos que a população dos Estados Unidos cresceu seis vezes durante esse período (de 12,8 milhões para 76,2 milhões), o que Bessen não faz, isso representa um aumento de 66,7% em termos per capita.

8   Mais detalhes sobre como a Política Ativa de Mercado de Trabalho funciona na Suécia e na Finlândia podem ser encontrados em David Stuckler e Sanjay Basu, "Returning to Work", em *The Body Economic: Why Austerity Kills* (Nova York: Basic, 2013).

17. CHOCOLATE [pp. 209-19]

1   Emily Purser, "The Great Transatlantic Chocolate Divide", *BBC News Magazine*, 15 dez. 2009. Disponível em: <news.bbc.co.uk/1/hi/magazine/8414488.stm#:~:text=A%20Cadbury%20Dairy%20Milk%20bar,Hershey%20bar%20contains%20just%2011%25>.

2   De acordo com os dados mais recentes disponíveis da Organização das Nações Unidas para o Desenvolvimento Industrial, em 2015 a Suíça produziu um valor agregado de manufatura per capita de 14404 dólares (em valores de 2010) per capita, o mais elevado do mundo por grande margem. O segundo mais elevado, por margem considerável, foi Singapura, com 9537 dólares. Os números correspondentes foram 9430 dólares para a Alemanha (classificada em terceiro lugar), 5174 para os Estados Unidos e 2048 para a China. Ver <www.unido.org/sites/default/files/ files/2017-11/IDR2018_FULL%20REPORT.pdf>.

3   Ver Ha-Joon Chang, *Economics: The User's Guide* (Londres: Bloomsbury, 2014), pp. 264-5.

ÍNDICE REMISSIVO

1900 (filme), 77

ABSS (títulos lastreados em ativos) *ver* títulos lastreados em ativos (ABSS)
acionistas, 196-7
Aeroflot, 156
África do Sul, 160
agricultura em estufa, 72
Alemanha, 107-8, 148-51, 217
alfabetização, 42
alho (*manul*), 12, 14
alizarina, 70
amendoim, 211
América Latina, 112-3, 137-40; *ver também países específicos*
anchovas, 65-8
apartheid, 160
aposentadorias, 60, 170, 175
Argentina, 107, 140
arroz, 96-8, 101
arroz dourado, 96-9, 101
artemísia coreana (*ssuk*), 12*n*

automação, 203-8
automóveis, 78-9, 87-91
azeite de oliva, 22

banana, 119, 120-6, 130
banchan ("acompanhamentos para o arroz"), 13, 66
Banco Mundial, 115-6
banheiros, 158
barras de chocolate, 57, 213; Ghana, 210; Hershey's, 210-1
Basf, 69-70
"bens de produção", 215
bens e serviços essenciais, 172
berries, 199
betacaroteno, 96
bhindi bhaji ("quiabo salteado"), 45-6
bichos-da-seda, 77-8
biocombustíveis, 182-4
biotecnologia, 187
Bismarck, Otto von, 148-50, 154
bokkum-bap (arroz frito), 14*n*

Bolívia, 69, 136-7, 140
bolo de cenoura, 94
bolo de chocolate, 211
bolota, 33-4, 84-5, 221
Boric, Gabriel, 140
borracha, 70-1
bossam (porco cozido), 75
Bounty (chocolate), 57
Brasil, 46, 52, 56, 71, 105, 107, 139, 182-3
bulgogi ("carne de fogo"), 12, 14
bun-de-gi (pupa cozida do bicho-da-seda), 76-7

cachaça, 182
Cadbury's Dairy Milk, 211
café, 71-2
caipirinha, 182
caldo, 192
Califórnia, 202
camarões, 74-6
capital, escravidão como fonte de, 48-9
capitalismo e liberdade, 52-4
carne, 106-10
carne enlatada, 108-9
Cavendish (variedade de banana), 121*n*
CDOS (obrigações de dívida colateralizada) *ver* obrigações de dívida colateralizada (CDOS)
Cem anos de solidão (García Márquez), 125
cenoura, 94-6
centeio, 145-54
chá, 135
chajang-myun (massa "chinesa"), 83
Chávez, Hugo, 138
Chile, 53, 69-70, 140
China, 76, 85, 130
China National Chemical Corporation (ChemChina), 97
chocolate, 209-14, 218-9; ao leite, 213; fabricantes de, 210; para beber, 212
chol-myun (macarrão glutinoso), 83
Christie, Agatha, 146-7

Coca-Cola, 132-6
cocaína, 135-6
cochonilha, 70, 72
coco, 55-9
colheitadeiras, 202
Colômbia, 72, 124
combustíveis fósseis, 184-5
comércio de africanos escravizados, 47-54
competição, 162-3
Compra da Louisiana, 50-1
confucionismo, 37-42
"Consenso de Washington", 136-8, 141
contribuições à "seguridade social", 152
corantes, 70
Coreia do Sul, 163: alfabetização na, 42; alho e, 12, 14; chocolate e, 210; comida estrangeira e, 19-20; cultura da, 39; desenvolvimento econômico da, 39; educação científica na, 42; empresas multinacionais na, 129-30; ensino de engenharia na, 42; estereótipos culturais a respeito da, 40; homens na cozinha e, 18; indústria automobilística na, 87-91; industrialização na, 41-2; pesquisa e desenvolvimento (P&D) na, 217; poupança familiar na, 42-3; semicondutores, 126; setor bancário da, 43, 91; viagens ao exterior e, 14-5
Costa Rica, 126
covid-19, pandemia de, 171-2, 206, 218
creches, 175
cronômetro marítimo, 100
crustáceos, 74-6
cuidados e serviços domésticos, 169-75, 206
cultura, 39-40, 43

dang-myun ("macarrão chinês"), 84-5
desemprego, 207
desenvolvimento infantil, 163
desigualdade de renda, 137, 163
determinação de preços, 172-3

dirigir, 185
discriminação, 160-1; de gênero, 160-1, 172; racial, 160, 174; religiosa, 160
disparidade salarial entre gêneros, 174
dotori muk (geleia de bolota coreana), 33
Doyle, Arthur Conan, 146
durião, 47

economia: de enclave, 128-9; escolas de, 23; estudo da, 146, 160-1; industrialização e, 26; mente aberta, 222-3; mitos na, 224; natureza humana e, 26-7; neoclássica, 24; perspectivas de, 223; políticas governamentais e, 25; pós--industrial, 214-9; sociedade e, 27-8; visão equilibrada da, 225
economistas de livre mercado, 159
educação, 60, 146, 160, 206
eficiência energética, 185, 188
empreendedorismo, 89, 92
empregos criados pelos governos, 205
empresas produtoras de banana, 123, 125-6
energia doméstica, uso de, 185, 188
engenharia, 42, 161
engenharia genética, 96-8
equipe médica, 171, 173
escorbuto, 180-2, 189
escravidão, 47-54, 122
Espanha, 34-5
especiarias, 190-8
esportes, 163
Estado de bem-estar social, 149-54, 163-4
Estados Unidos: Compra da Louisiana, 50-1; consumo de alho nos, 13; economia neoclássica nos, 24n; economia pós-industrial nos, 217; economia dos, no século XIX, 48; empresas de banana dos, 123-4; escravidão nos, 48-9, 51; indústria açucareira dos, 50; indústria aeronáutica dos, 99; Institutos Nacionais de Saúde dos, 93; Marcha para Oeste e, 51; morangos dos, 202; nativos americanos e, 33, 51; pesquisa e desenvolvimento (P&D) nos, 217; pools de patentes e, 99; programas de pesquisa em "defesa" e "saúde", 93, 187; "proteção à indústria nascente" nos, 92-3; protecionismo nos, 80, 92-3, 113; saúde nos, 153-4; semicondutores e, 99; setor financeiro dos, 218; trabalhadores imigrantes nos, 202; veículos pessoais e, 185
etanol (combustível), 182-4
ética do trabalho, 58-62
Eton mess (sobremesa inglesa), 200
"extraterritorialidade", 113n
extrato de carne bovina, 107-8

"falta de ética do trabalho nos trópicos", 58-62
farinha, 84
ferro e aço, indústria de, 149
fertilizante, 68-70
fiações, 204n
Filipinas, 128-9
Finlândia, 92, 148
FMI (Fundo Monetário Internacional) *ver* Fundo Monetário Internacional (FMI)
folha de coca, 135
França: comida estrangeira na, 22; Compra da Louisiana e, 50-1; consumo de alho na, 13
frango, 155-6
frango frito coreano, 12
Fray Bentos (Uruguai), 108
Friedman, Milton, 52-3, 111
Frigorífico Anglo del Uruguay (El Anglo), 109n
frutas cítricas, 181
"funcionários essenciais", 171
Fundo Monetário Internacional (FMI), 116, 137
futebol, 105-6

gafanhotos, 76, 221
Gana, 39, 210
García Márquez, Gabriel, 125
gases de efeito estufa, 184, 186-7
geleia de morango, 201
Giugiaro, Giorgetto, 87
Grã-Bretanha *ver* Reino Unido
grãos de cacau, 210, 212
Green, Duncan, 167-8
guano (excremento ressecado), 68, 70, 72-3
Guatemala, 70, 123
guksu (macarrão), 85
gumbo (guisado de quiabo), 46

Haber, Fritz, 69
hábitos alimentares, 186, 188
Haiti, 49-51
Hamilton (musical), 80
Hamilton, Alexander, 80
Hayek, Friedrich von, 53
Henry, O. (pseudônimo de William Sydney Porter), 125
Hercule Poirot, 147
hinduísmo, 37
Holanda *ver* Países Baixos (Holanda)
Honduras, 123
Humboldt, Alexander von, 68
Huntington, Samuel, 39, 41
Hyundai Motor Company (HMC), 87-91

igualdade, 157-9; de oportunidades, 160-4; de resultados, 163-4
Império Britânico, 179-80
Império Otomano, 35
Império Tang, 85*n*
impostos, 151; de importação, 78; de renda, 152
Índia, 56, 70, 120, 133, 194, 215
"Índias Orientais", 193-4
indústria açucareira, 49-50
indústria aeronáutica, 99
indústria automobilística, 79, 87-91
indústria da carne bovina, 107-9, 116, 118
indústria da seda, 77-9
indústria de máquinas de costura, 98-9
indústria de turismo, 205
indústria do índigo, 70
indústria farmacêutica, 100-1
industrialização, 73
insetos, 75-6
Institutos Nacionais de Saúde (EUA), 93
inteligência artificial (IA), tecnologias de, 203
Irlanda, 127, 130
islã, 36-8, 41
Itália, 65, 77, 86, 105, 197

jajang-myun ver chajang-myun (massa "chinesa")
jamón ibérico (presunto), 34
Japão, 73, 78-9, 81, 92; estereótipo cultural a respeito do, 40; industrialização no, 41; livre-comércio no, 113; produtividade no, 39; tratados desiguais e, 113
jornalismo, 204
judeus, 35-6
justiça, 157-9, 162-3

kimchi (vegetais em conserva), 12

laranja e chocolate, 211
Leis dos Cereais (1815), 110-2
Leste Asiático, 39-40; *ver também países específicos*
LG, 91
liberdade, 117
liberdade econômica, 52-4
licença médica, 174
Liebig Extract of Meat Company (Lemco), 107-8
Liebig, Justus von, 107
Liga da Lei Anticereal, 111

limão, 180-2, 189
limão siciliano, 181
Lindt & Sprüngli, 210, 213
livre-comércio, 79-80, 112-4, 117
Louverture, Toussaint, 49
"luditas", 204

M&M's, 210
macarrão, 82-7; alcalino, 83; de arroz, 85; de trigo, 83; de trigo-sarraceno, 84-5; instantâneo, 82; transparente, 84
Maduro, Nicolás, 138-9
Malásia, 66, 71
Manaus (Brasil), 71
manguezais, 75
manul chang-achi (alho em conserva), 11-2
máquinas de controle numérico computadorizado (CNC), 207
maré rosa, 138-40
Marille, 87
Marinha Real, 180-2, 189
Marx, Karl, 195
masala chai (chá doce), 192
Massacre das Bananeiras, 124-5
mecanização agrícola, 202-3
México, 51, 136, 140, 165, 212-3
milho, 110
Miranda, Lin-Manuel, 80
Mitsubishi, 92
molhos de peixe, 66
Morales, Evo, 136-7
morango, 199-208
mudanças climáticas, 184-9
mulheres: discriminação de, 160-1, 172; serviços domésticos e trabalho envolvendo cuidados de, 170
multinacionais, 92, 108, 115, 126-30, 223
myulchi-jut (molho de anchova fermentado), 67, 75

nativos americanos, 33, 51, 222
necessidades básicas, 157

neoliberalismo, 138n, 140-1
Neruda, Pablo, 125
Nestlé, 213
NHS (Serviço Nacional de Saúde da Grã-Bretanha) *ver* Serviço Nacional de Saúde (NHS, Grã-Bretanha)
Nokia, 92
noz-de-cola, 134
nozes, 211

obrigações de dívida colateralizada (CDOS), 49n
óleo de coco, 57
ópera, 71
Organização Mundial do Comércio (OMC), 114-6
orzo (formato de massa), 86

Países Baixos (Holanda), 72, 95
pão, 158
patentes, 97-101; entrelaçadas, 98-9; pools de, 99
Paxton, Joseph, 121n
pegadas de carbono dos alimentos, 186, 188
Pemberton, John, 134-6
Peru, 52, 68-9, 140, 212
pesquisa e desenvolvimento (P&D), 217
"pessoas escravizadas como garantia hipotecária", 48
petróleo, 73, 182
Piano mecânico (Vonnegut), 207n
pimenta-do-reino, 191-3
pimentas, 165-8
piña colada, 55
pobreza, 58-62
pólvora, 68-9
Pony (carro), 87-8
"porco *wuxiang* (pó de cinco especiarias)", 191
Portugal, 35
poupança, 42-3
precipitação pluviométrica, 15n

presunto, 34
processo Haber-Bosch, 69
produção agrícola, subvalorização da, 169
produtividade, 39, 60-1, 72, 79, 81, 168, 205, 215-6, 224
Produto Interno Bruto (PIB), 168-9
"proteção à indústria nascente", 80-1, 90, 92-3
protecionismo, 78-81, 90, 92, 113
punhado de centeio, Um (Christie), 147
Pyeongyang naeng-myun (sopa fria de macarrão), 84

queijo-quente, 67, 192
quiabo, 45-7

reciclagem de funcionários, 207
regulamentação do mercado, 163
Reino Unido: abolição da escravidão no, 51; comida no, 16-9; consumo de alho no, 13, 17; economia pós-industrial no, 217; jardinagem, 19; livre-comércio, 112; pesquisa e desenvolvimento (P&D) no, 217; revolução culinária e, 19, 21-2; saúde no, 152, 174*n*; setor financeiro do, 218; *ver também* Império Britânico; Marinha Real
Renascimento, 36
"repúblicas de bananas", 125-6
"requisito de conteúdos locais", 115, 129
resultados, igualdade de, 163-4
risoni ver orzo (formato de massa)
Robinson Crusoé (Defoe), 58, 110*n*
romances de detetive, 146
Round 6 (série), 77
Ruanda, 215
Ryvita, 148

saewu-jut (molho fermentado), 75
salitre, 68-9
Samsung, 91
sanduíche Elvis, 120

scones, 201
Scoville, escala de, 166
semicondutores, 93, 99, 126
sequestro, utilização e armazenamento de carbono (CCUS), 184
Serviço Nacional de Saúde (NHS, Grã-Bretanha), 152, 174*n*
serviços, 214-8
servidão por contrato, 52
setor financeiro, 218
setor manufatureiro, 112, 115, 216-8
Sherlock Holmes, 146
Sichuan, culinária de, 167-8
Singapura, 127, 130, 215, 217
sistema de prêmios, 100
sistema de saúde, 152, 175, 206
Smil, Vaclav, 117
Smith, Adam, 195
socialismo, 139, 150, 157-9, 195
sociedades de responsabilidade limitada, 194-8
ssuk (artemísia coreana) *ver* artemísia coreana (*ssuk*)
Standard Fruit Company (SFC, atual Dole), 123
substitutos artificiais, 70-3
succotash ("milho moído"), 46
Suíça, 97, 163, 213-9
Syngenta, 97, 101

tabletes Oxo, 107-8
Taiwan, 129-30
tarifas, 78, 110, 112-3, 115-6, 149, 152
taxa de participação na força de trabalho, 59
tecnologia da informação, 187
tecnologia de conservas, 100
tecnologias de adaptação, 184-5
tecnologias de inteligência artificial (IA), 203
tecnologias energéticas, 184, 187-8
tecnologias verdes, 186

títulos lastreados em ativos (ABSS), 48
tomate, 95
torrada de centeio, 148
Toyota, 90, 92
trabalhadores imigrantes, 202
"trabalho de apertar parafusos", 128-9
trabalho de cuidados e outros serviços não remunerados, 169-74
trabalho doméstico, 206
trabalho escravo, 54; ver *também* escravidão
trabalho infantil, 59-60
trabalho, faixa etária de, 60
tratados desiguais, 113

União Soviética, 133, 158
United Fruit Company (UFC, atual Chiquita), 123

Universidade de Cambridge, 160
Universidade de Oxford, 160
Uruguai, 105-9

valor de mercado, 172-5
veículos pessoais, 185
Venezuela, 138-9
Vietnã, 71
vitamina A, 96
vitamina C, 180-1
"votação por tempo de posse", 197

Webb, Beatrice, 40
Worcestershire (molho inglês), 67

yangnyum ganjang (molho picante), 33

Zhukov, Georgi, 133

TIPOLOGIA Miller e Akzidenz
DIAGRAMAÇÃO Osmane Garcia Filho
PAPEL Pólen Natural, Suzano S.A.
IMPRESSÃO Gráfica Bartira, março de 2025

A marca FSC® é a garantia de que a madeira utilizada na fabricação do papel deste livro provém de florestas que foram gerenciadas de maneira ambientalmente correta, socialmente justa e economicamente viável, além de outras fontes de origem controlada.